现代智慧图书馆知识服务探索

杜峥 郭桂婷 李红丹◎著

图书在版编目（CIP）数据

现代智慧图书馆知识服务探索 / 杜铮，郭桂婷，李红丹著. -- 呼伦贝尔：内蒙古文化出版社，2024.2
ISBN 978-7-5521-2412-5

Ⅰ.①现… Ⅱ.①杜… ②郭… ③李… Ⅲ.①数字图书馆－图书馆服务－研究 Ⅳ.①G250.76

中国国家版本馆 CIP 数据核字（2024）第053387号

现代智慧图书馆知识服务探索
杜 铮　郭桂婷　李红丹　著

责任编辑	黑　虎
装帧设计	北京万瑞铭图文化传媒有限公司
出版发行	内蒙古文化出版社
地　　址	呼伦贝尔市海拉尔区河东新春街4付3号
直销热线	0470-8241422　　邮编　021008
印刷装订	天津旭丰源印刷有限公司
开　　本	787mm×1092mm　1/16
印　　张	13
字　　数	200千
版　　次	2024年10月第1版
印　　次	2024年10月第1次印刷
标准书号	978-7-5521-2412-5
定　　价	78.00元

版权所有　侵权必究
如出现印装质量问题，请与我社联系。联系电话：0470-8241422

前言

图书馆是人类文明的标志之一，作为重要的公共文化服务机构，承担着传递科学情报和提供信息资源的责任。从历史发展的角度来看，图书馆从最初重在藏书的传统图书馆，经过自动化图书馆、复合型图书馆、数字图书馆发展阶段，目前已经进入了智慧图书馆阶段。智慧图书馆是随着智慧城市概念及其理念的推广并逐渐深入人心，成为图书馆领域研究热点的。智慧图书馆在图书馆发展史上将具有革命性的意义，必定会彻底改变图书馆的建设方式、服务理念和服务领域。时至今日，业内对智慧图书馆的概念及技术都进行了深入研究，获得了骄人业绩，对促进智慧图书馆的建设和发展具有重要的意义。

智慧图书馆以物联网和云计算等高新技术为支撑，运用智能设备，实现"书与书、书与人、人与人"的动态连接，让用户体验全新的智慧化服务。智慧图书馆的知识服务区别于传统图书馆文献与信息服务，是集教学、科研，社会管理、文化建设，社会发展等的综合服务。智慧图书馆是智慧地球、智慧城市和智慧校园研究的再深入和发展，是将智慧性研究发展到图书馆领域的一项创新。同时，智慧图书馆也是在网络图书馆，虚拟图书馆和数字图书馆的基础上发展而来的，它具有便利性、互联性，高效性等特点，是新技术与图书馆发展的密切融合。

本书通过现代智慧图书馆知识服务的依次探索，再结合当前智慧图书馆的理论、知识服务以及图书情报应用科学、图书情报检索研究、图书馆信息资源建设的方法与共建共享、图书馆信息服务管理，进而得出智慧图书馆知识服务的模式与新思路，最后还进一步探索了基于知识管理的数字图书馆的建设及业务实践，使图书馆知识服务向自动化、集成化、智能化、可视化、生态化方向发展，增强图书馆的服务创新功能，帮助用户创造新知识、解决新问题。

目录

第一章 图书馆知识服务概述 ... 1
第一节 图书馆在知识经济时代的作用和价值 ... 1
第二节 现代图书馆知识管理 ... 6
第三节 图书馆知识服务的内容 ... 11
第四节 图书馆个性化知识服务 ... 16
第五节 现代图书馆管理体系建设 ... 21

第二章 智慧图书馆知识服务 ... 27
第一节 智慧图书馆的知识服务概述 ... 27
第二节 智慧图书馆的知识服务过程 ... 31
第三节 智慧图书馆的知识服务模式 ... 35
第四节 智慧图书馆知识服务新思路 ... 40
第五节 基于 P2P 的图书馆知识服务模式 ... 45

第三章 图书情报应用科学 ... 57
第一节 文献信息的组织与存储 ... 57
第二节 文献信息的检索与分析 ... 61
第三节 文献信息的咨询和读者服务 ... 64
第四节 知识与技术的应用 ... 69

第四章 图书情报检索研究 ... 78
第一节 情报检索概述 ... 78
第二节 图书情报信息检索的类型与方法 ... 86
第三节 图书情报检索语言分析 ... 92
第四节 图书情报检索工具分析 ... 97

第五章 图书馆信息资源建设的方法 ... 105
第一节 图书馆信息资源的采集 ... 105

第二节　图书馆信息资源的配置 116

　　第三节　图书馆信息资源的整体布局 127

　　第四节　图书馆信息资源的整合 131

第六章　图书馆信息资源的共建共享 138

　　第一节　信息资源共建共享概述 138

　　第二节　信息资源共建共享的形式 143

　　第三节　信息资源保障体系的建设 150

第七章　图书馆个性化信息服务管理 154

　　第一节　图书馆个性化信息服务概述 154

　　第二节　图书馆个性化信息服务的模式与实施 164

　　第三节　数字图书馆个性化信息服务分析 169

　　第四节　网络环境下图书馆个性化信息服务 174

第八章　图书馆人本化信息服务管理 178

　　第一节　图书馆人本化信息服务管理概述 178

　　第二节　图书馆人本化信息服务管理的层次 187

　　第三节　图书馆人本化信息服务管理的影响因素 194

参考文献 201

第一章 图书馆知识服务概述

第一节 图书馆在知识经济时代的作用和价值

一、知识经济时代与图书馆
（一）关于知识经济时代
1. 知识经济

知识经济，亦称智能经济，是指建立在知识和信息的生产、分配和使用基础上的经济。它以知识的创新为灵魂，以现代科学技术转化为核心，以经济的高度增长为标志，是一种全新的经济形态。现在我国学术界一般依照经济的基地，把经济分为农业经济、工业经济和知识经济，当然，也有学者把当代经济划分为信息经济和知识经济，还有学者划分为知识经济和人才经济。后两者的提法都不够妥当，原因是：一是信息经济是知识经济的基础或低级阶段，知识经济是信息经济的进一步发展或高级阶段。但在做这种理解时必须从狭义上理解"信息"这一概念，因为广义的"信息"是包含"知识"的。显然，从广义上理解"信息"，上述关系是不成立的。二是知识经济和人才经济不是两个不同的发展阶段或不同的经济形态，而是同一经济形态的两个不同的侧重点，以知识作为经济的发展基础抑或是以人才作为经济的发展基础，从归根结底的意义上来看，没有本质的区别。因为，知识是人创造的，是人的附属物，人是知识的拥有者、创造者和作用者，是知识的主体，"知识经济"说到底就是"人才经济"。三是在"知识经济"中，劳动产品的价值不仅取决于物化在劳动产品的社会必要时间，同时也取决于物化在其中的知识含量和科学技术含量。

以知识为基础，是相对于现行的"以物质为基础的经济"而言的。现行的工业经济和农业经济，虽然也离不开知识，但总的说来，经济的增长取决于能源、原材料和劳动力，是以物质为基础的。知识经济是人类知识，特别是科学技术方面的知识，积累到一定程度，以及知识在经济发展中的作用，增加到一定阶段的历史产物。同时又是新的信息革命导致知识共享以高效率产生新知识时代的产物。

2. 知识经济时代

知识经济时代就是以知识运营为经济增长方式、知识产业成为龙头产业、知识经济成为新的经济形态的时代。只有运用对称的、五度空间的、复杂系统论方法的对称经济学才有可能真正揭示知识经济的本质、结构、意义和功能，才有可能建立真正科学的知识经济学，知识经济时代才有可能成为严格意义上的经济学概念，才能合理定位知识经济时代。

"知识经济时代"实质正是现代科技与经济社会互动发展的时代。在这个时代，传真机、移动电话、个人电脑、因特网、信息处理技术不断更新升级。并由此形成许多新的产业和新的生产组织方式，使全球经济增长方式比以往任何时候都更加依赖知识的生产、分散和使用。"知识"是人类在实践中所获得各种知识成果的总和，"知识经济"是以知识为基础的经济，"知识经济时代"是以知识经济为主要特征的历史阶段，是一种崭新的经济状态。

（二）知识背景下的图书馆

1. 图书馆在知识经济时代的地位

一般认为，知识经济包括四个系统：一是科学创新系统，二是技术新系统，三是知识传播系统，四是知识应用系统。上述一、二两个系统可以归并为一个系统，它主要解决经济发展的动力源泉问题。图书馆属于知识传播系统，是知识经济的基础设施，对其他系统起支撑和保障的作用。也就是说，没有高效率的知识传播系统，知识创新系统就不能有效地运行，知识应用系统就失去了源头活水。

随着市场经济的发展，我国社会经济成分、组织方式、就业方式、利益分配等呈现多样化的趋势，这就决定人们的价值取向，文化选择必然趋向多样化。图书馆是我国先进文化载体中的重要组成部分，是先进文化的建设者和传播者。其功能是发挥社会教育的职能，提高广大公民的思想道德素质和科学文化水平，为现代化建设提供强大的精神动力和智力支持。已成为现代文明社会不可缺少的社会文化教育机构。因此，广大公民通过图书馆可以更新知识、接受教育、陶冶情操，使自己成为社会主义现代化建设的合格人才。其次，图书馆通过知识的输入、贮存和输出，已经成为人们终身学习的重要场所。图书馆肩负着服务全社会的职责，随着知识经济时代的不断发展，图书馆必将不断扩大服务范围，提高服务质量，发挥其在知识经济时代越来越重要的地位和作用。

2.知识经济时代图书馆的角色转变

知识经济是"以知识为基础的经济"的简称，是以知识的创新、积累、传播为过程的经济，是知识社会的发动机和催化剂。知识经济时代对人力资源也有了不同以往的要求。它要求人力资源拥有高科技知识，有扎实的知识基础和广博的知识结构；要求人们有与之相适应的良好的心理素质；要求人们有创新精神和创造能力。此外，它还要求人们具有一定的应变能力。

图书馆是社会知识需求的产物，其天职就是为社会提供服务，图书馆的社会价值是通过开放式信息服务体现的。在知识经济成为社会经济的主流，社会结构开始发生变化的时候，社会需求也发生了较大变化，知识总量不断地增长，知识领域不断扩展，读者群体结构也随之发生变化。信息需求不断增加，图书馆的存在形态和业务方式发生了重大变化，在信息资源采集、组织加工、信息服务、管理模式等诸方面都将发生变革以适应知识型社会和网络化环境的要求，以便充分享受现代技术所带来的各种方便。当代图书馆已转变成一个概念全新的、功能多样的现代信息中心，面向全社会提供联合化的增值信息服务。未来几年，图书馆应当成为国家和区域创新体系信息服务模块的重要组成部分，发挥信息保障的作用。

（三）知识经济时代用户知识需求的主要特征

知识分为隐性知识和显性知识两种，显性知识被描述为知识的，即以书面文字图表和数学公式加以表述的。隐性知识是指不能系统表述的知识这种知识存在于我们的行为中，只可意会，不可言传，或称为默会知识，主要来源于经验和技能，因此这种知识只能通过观察来获得或传播。

1.用户知识影响因素的多元化

学习、生活和工作情况是影响用户知识的主要因素，而开放的网络环境时刻推动着学习、生活和工作模式的变革。人类的生活离不开网络，除了传统的生活背景、受教育程度等因素。用户的思维模式、行为习惯也会随着网络环境的改变而发生变化。

2.用户知识表达的多元化

在传统环境下，用户知识的表达方式单一，局限于文本记载、计算机文档或口头阐述，许多隐性知识未加以记录或仅保存于个人存储设备中，信息技术的加入使知识有了多种表达方式，丰富多样的图片、音频、视频等多媒体信息成为用户表达知识的方式。

3.用户知识的互动性与创造性

知识的分享与流动是创新的主要来源。开放的网络环境为用户提供了更广阔和快捷的交流空间，通过网络，用户可以不受时间、空间、对象的限制，与世界上任何一个角落的对象进行交流，从中吸收有价值信息进行理解和转化，形成新的隐性知识，并在之后的互动交流中循环更新。

二、知识经济与图书馆教育职能

在知识经济建立的过程中，图书馆作为文献情报资料中心，充分发挥其社会教育职能，重视终身教育，强化人力资源的综合开发，提高全民族的文化素养，成为许多国家迎接知识经济时代的重大举措。

（一）在信息社会，情报对教育的冲击，改变了传统的教育观念

未来社会的发展，关键靠人才。联合国教科文组织提出，教育已扩展到一个人的整个一生。认为唯有全面的终身教育，才能够培养完善的人。学校教育仅仅是培养人才的一种形式，现代教育的显著特点则体现在教育的社会化过程中，即变传统的一次性教育、知识型教育为终身教育、通才教育和智能教育，所有这些教育，必然不能单一地依赖于学校。只有为人们提供多种多样的学习机会和场所，不断进行知识更新，才能卓有成效地提高各类人才的素质，迎接"知识经济"新时代的到来。

众所周知，图书馆的馆藏文献是人类思想的结晶，它为图书馆从事智力开发，进行社会教育提供了丰富的、雄厚的物质基础；同时，由于图书馆藏书的连续性，使得图书馆的教育也具有长期性和稳定性，并且是无限发展的。受教育者可以长期地、自由地利用图书馆进行自学，这也是学校教育所不能比拟的。可以这么认为，校外教育是整个教育事业的重要组成部分，是学校教育的延续，那么作为校外教育机构中的图书馆就应该是校外教育的一

部分。因为两者都担负着培养社会主义现代化四有新人的职责，它们的教育对象相同，任务一致，目标一致，同样都是对广大读者进行思想教育和科学文化教育的重要阵地。

在社会主义市场经济建设的过程中，人们已深深地认识到，社会经济的发展，需要大批人才资源，掌握一定知识和技术的工人和干部的存在是社会发展的必要条件。迎接知识经济的挑战，稳步地向知识经济时代迈进，至关重要的举措就是要全方位地落实教育优先发展的战略地位，培养数以亿计的富于创新精神的高素质的劳动者和数以千万计的专门人才，做好走向知识经济的准备。

（二）图书馆从产生的时候起，就具有教育职能

知识经济的核心是科技，关键是人才，基础是教育。图书馆知识信息的传递就是一种教育，人们的信息交流必然产生一定的教育效果。图书馆珍藏的文化瑰宝对每一个人都发挥着潜移默化的教育，并且这种教育的作用是其他文化部门所无法代替的。图书馆对社会成员的教育是稳定的、全面的，而且是不受时间限制的。图书馆正是以这种润物细无声的方式，把人类最崇高的理想、最美好的感情、最新的知识传授给人们。

图书馆浩如烟海的书籍就像"智慧灯"。人们读书的过程实际上是人的心灵和上下古今一切民族的伟大智慧结合的过程。读书使人明智，使人高尚。图书馆以其丰富的馆藏和完善的服务，使之成为塑造美好心灵的大学校，它可以为求业者作就业前的指导，为失学者提供学习机会，为病者提供医疗咨询等。终身教育既然是一个人从生到死不断的受教育的过程，那么图书馆就应该而且可以成为终身教育的主要手段和形式。

（三）从图书馆的产生和发展史上看，图书馆的教育作用不可低估

从图书馆整个的发展史看，利用图书馆的人任何时候都只是民众中的少数，也就是说图书馆仅能成为社会部分人的需要。而这部分人都是受过教育的人，有读书能力的人，因而图书馆的社会需要，便与教育的发达程度成正比：一方面，教育发展，受过教育的人多，有读书能力的人多，需要图书馆的人就多，图书馆就发展；教育落后，受教育的人少，有读书能力的人少，需要图书馆的人就少，图书馆就落后。另一方面，图书馆事业发展，又能丰富教育活动并促进教育水平的提高，并最终促进教育事业的发展；反之就会

影响教育活动的开展和教学水平的提高。

图书馆事业与教育事业这种休戚相关的关系说明：图书馆应强化教育职能，把教育职能作为整个社会职能的基本目的，作为注意的焦点，并向教育靠拢，在为知识经济服务的不懈努力中，为自己创造更美好的未来。

（四）发挥图书馆的教育职能，大有可为

图书馆在自己的服务和活动中，应该采取使自己的服务和活动适应社会需求的方法，把教育职能作为基本职能，把为知识经济服务作为自己的工作和服务中心，并在为知识经济服务中充实和发展自己，赢得社会的支持和关心，在社会公众中树立起自己作为教育机构的良好形象。

第二节 现代图书馆知识管理

一、图书馆知识管理的内涵

在社会信息化进程中，图书馆作为重要组成部分，国家规定了每个公民平等地免费享有图书馆服务的权利。

伴随着社会信息的指数快速膨胀，各类信息量空前庞大，信息的杂乱性、无序性日益突出。信息过剩和知识匮乏同时存在，用户往往沉浸在信息海洋中，寻找合适信息经常是大海捞针、不知所措。同时，信息环境下图书馆用户对知识的需求，在广度和深度方面都有了极大的扩展。图书馆用户对图书馆资料信息的需求越来越个性化，对图书馆咨询服务的方式、数量、质量、时效等方面的要求也越来越高。

图书馆收集各种类型的文件和数据库，其基本职能是保存人类优秀的文化遗产，提供传递科技信息的社会文化教育，开发相应的智力资源。现代图书馆作为知识管理的组织和机构负有非常重要的社会责任，因此，知识管理是图书馆管理内容的重中之重，需要引起足够的重视。整理和储存报纸、图书、杂志、音像资料、影像资料、图书馆原创数据库等知识信息，主要服务于人类历史文化的传承和保护。图书馆只有真正改进知识管理，才能利用互联网技术和信息技术对知识管理进行创新与利用，使其发挥最大的作用。

知识管理理论包括宏观、中观和微观三个层面，现代图书馆知识管理描述了知识管理的相关理论、技术和方法在现代图书馆中的应用，主要侧重于微观知识管理层面。根据用户不断变化的信息和知识需求，对信息、知识等相关信息进行统筹、配置和综合利用，并对用户进行服务与引导。从应用范围来看，可以分为广义的图书馆知识管理和狭义的图书馆知识管理。广义的图书馆知识管理注重图书馆满足用户知识需求的服务能力，是指图书馆充分利用馆内外的知识资源，参与知识的收集、分类、处理、组织、存储、交换、交易、传播和欣赏。它包括图书馆原始知识资本的管理，也包括对其知识运营、升值过程进行管理。其中可能涉及对图书馆物力固定资本、流动资本等有形资本，也可能涉及人力资本与知识产权资本的管理，管理活动还会涉及知识管理与信息网络管理之间的良性互动。从狭义的角度来讲，图书馆知识管理更加强调图书馆知识资源的升值利用，主要是指图书馆内部知识的管理与应用，对知识的管理活动和过程与广义知识管理类似。也有学者基于知识服务和基于人本管理角度对图书馆知识管理进行解释。一方面，图书馆对其内部丰富的信息知识资源进行收集、提炼、组织、加工、开发、服务、传播，发挥其知识服务功能，以满足用户的图书知识需求；另一方面，人是知识管理的具体实施者和提供者，也是分析、挖掘和发现有用知识的主体。同时，人是图书知识尤其是隐性知识的重要载体，图书馆的知识管理应重视人的重要作用，在图书馆的知识管理中一定要以人为本。图书馆知识管理以人为本，可以应用员工掌握的先进计算机技术、网络技术和数据库技术，对图书馆的显性知识充分利用和创新，对隐性知识开展挖掘、分析和创新。

图书馆知识管理的主要对象是知识。现代图书馆知识主要包含显性知识和隐性知识两个部分。显性知识主要是指能存储在纸张等传统介质上的文档、报告等信息资源，图书馆显性知识的特点是便于整理、存贮、传递和分享。图书馆隐性知识主要是以图书馆员工、图书馆用户、与图书馆有关的各类协会团队、部门和小组等个体和组织为载体的无形知识。这些知识是图书馆知识管理中最重要的内容，它以隐性知识的发现、挖掘、传播、共享和利用等为基础，实现知识创新和知识价值的最大化。它可以是从图书馆内部获取的隐性知识，也可以是个人或组织从图书馆外部获取的隐性知识。图书馆隐性知识可分为认知性知识、技能性知识、系统知识和自发性创意四个层次。

图书馆显性知识与隐性知识在概念上有较大区别。隐性知识存在于人脑，源于经验，是无法表达的、直觉的、模糊的知识，它很难获得、复制和转移。显性知识容易准确定义，易于在个体间传播，能够通过正式、系统化的语言以及文字等载体进行转移。显性知识是隐性知识的具体表象和表现成果，隐性知识是显性知识进一步结构化、显性化的必要前提和基础，两者相互依赖，可以相互转化，并在转化中提高知识的价值。通过知识管理，可以实现知识的有效交流、共享和创新。从整体来看，图书馆知识管理是应用知识转化、加工等理论方法，充分利用图书馆内外的优势资源要素和条件，如图书馆的纸质图书文献、信息技术、多媒体数据库、知识库和知识网络平台等，将用户所需的知识节点相关联，并有效地整合和配置，应用创新性的知识，为读者提供最优质的知识服务，在实现知识升值的同时，也达到服务社会的目的。

  知识是图书馆的无形资产。图书馆知识管理与传统的人、财、物这些有形资产管理一样重要，应并行开展管理。无论是显性知识还是隐性知识都是现代图书馆的重要信息资源，需要运用科学的知识管理方法进行管理与应用。出于知识管理及用户的需要，可能将部分隐性知识进行显性化处理，也可能将显性知识进行隐性储存与备份。总之，现代图书馆知识管理强调通过优化内部管理方法，对馆藏的显性知识和隐性知识进行有效开发、利用和共享。而图书馆知识管理的出发点和落脚点是源于用户对图书馆资源的检索需要，强调对图书馆显性知识的有序化组织与整理。当然，随着图书馆管理工作重心和服务理念由传统的信息文献组织向知识加工服务倾斜，对馆员所储备的知识和服务技能的挖掘、开发和利用也日显重要。学习知识管理方法，加强图书馆内部管理是图书馆知识管理的双重任务。

  作为一种全新的管理理念和工作方法，图书馆知识管理顺应了信息时代的发展以及用户的个性化知识需求，具有鲜明的时代特征和独特的创新之处。图书馆知识管理的创新性主要体现在知识管理内涵、理念、原则、技术和方法方面，也包含着知识模式和知识系统自身的创新。因此，图书馆知识管理本身就是一个系统、全面的创新。现代图书馆工作人员需要彼此信任、互相学习，通过共同目标将所有工作人员联系在一起，营造和谐又富有创造力的工作氛围，促进知识在图书馆中的共享、转移和创新升值，实现图书馆知识体系创新。这一创新具体表现在管理模式、方法和内容三个方面。在管理模式上，图书馆知识管理建立在人文主义的基础之上，改变了上级领导下级，下级只能听命令的传统模式，实行扁平化管理，所有工作人员都是管理系统的一分子，都是实现共同目标不可缺少的力量，形成了良好的创新制度环境，有利于图书馆资源的升值。在管理方法上，图书馆不断更新管理理念和方法，调整用人机制、激励机制，培养员工竞争意识和服务意识，建立高效的知识管理和知识服务体系，通过知识转移、共享、转化等方法，实现知识的传播、加工和利用，为知识创新升值提供重要基础和支持。目标管理采用基于结果导向的指导原则，图书馆管理者和下属在共同目标引领下实施管理并取得成果。图书馆的知识管理通常从总体目标的设定开始，然后根据总体目标设定工作规程和进度，强调结果和效率，并根据目标的实现水平评估绩效，引入竞争机制激发工作人员的热情和兴趣，使其有意识地参与实现共同目标。在管理内容上，图书馆通过分类、整理知识内容、类型，融合各类知识资源，建立起针对用户的知识库和数据库，并不断优化、更新知识体系和知识创新流程，加强知识管理技术支持和人力资源支持，提高员工知识文化素质和学习能力，提高团队合作意识和服务意识，实现图书馆的健康、持续发展。

二、图书馆知识管理的方法

图书馆知识管理是一种全新的管理理论，是指方法论、衡量标准、实现图书馆管理目标的模式与方法、管理者如何实践管理的理论和方法的总称。现代图书馆适用的知识管理方法主要有：目标管理方法和全面质量管理方法。

（一）目标管理方法

图书馆的目标管理遵循以结果为导向的意识形态。图书馆主管人员与下属人员共同选择一定时期内的共同目标，制定指导方针，分析不同层次的目标，采取行动，安排时间，进行具体应用，对内部自我控制和图书馆自制的科学管理方法进行严格的考核评价，以实现管理目标。

图书馆目标管理具有如下主要特点：

1. 整体性

管理图书馆目标是一种有组织的团体活动，它通过一个相互关联和相互限制的目标系统来执行。其中大部分是垂直、上下控制的关系，也有一定的横向关联，相互联系，形成一个整体。

2. 有序性

管理图书馆目标通常从定义总体目标开始，然后将一般目标分解为高层目标、中层目标、基层目标、个人目标等，形成一个有条理的目标系统。

3. 成果性

图书馆以强调结果和效率的哲学管理理念运作。它衡量组织和个人的绩效，同时考虑目标的实现。这是一种注重结果的管理。

4. 参与性

作为图书馆管理的共同目标需要全员参与，每一分子都是整体的有机组成部分，所有人都要努力贡献自己的力量与特长。从制定目标，到实施管理、成果验收，再到评价与反馈，每一个环节都在目标管理范围内，是一种联合管理。

5. 激励性

制定了共同的管理目标并不是全部，还需要建立竞争与激励机制，激发工作人员的积极性和创造性，使其自动自觉为实现共同目标而努力。

图书馆管理创新的目标如下：

知识管理尊重员工的角色，关注员工的发展。重点是贯彻以人为本的管理理念，进一步发展员工管理。用敏捷管理代替僵化的目标管理，让员工充满热情和创新精神。

释放知识管理。通过在灵活、扁平的组织中建立基于知识的团队来削弱层次结构。注意平等参与，克服上下数据通信不畅的缺点，有利于在图书馆内打造一个完全一体化的图书馆，为人们充分发挥积极性和创造性创造一种平等竞争的氛围。

知识管理还通过创造知识共享的环境，使图书馆部门和员工的关系更加协调，使图书馆成为一个学习型组织，根据其目标促进知识共享和创新。

（二）全面质量管理方法

图书馆全面质量管理是指图书馆动员各部门和图书馆工作人员提供和提高信息服务质量。充分利用管理技术、专业技术、思想教育、经济方式和科学方法，提供可靠的服务质量保证。对所有服务过程进行有效控制系统，设计、制造和提供满足用户需求的信息产品和信息服务，以达到最合适的质量，实现最好的服务，并最终实现持续改进。

科学管理实践和一般质量管理实践有很多共同之处。图书馆工作人员的"全面参与"使得全面质量管理对于员工培训非常重要。只有提高员工的素质，才能获得优质的工作和服务，这就像以学习为导向的科学管理。科学管理认识到学习是创新的力量和源泉，只有不断改进个人和组织的培训，才能提供高质量的知识服务。

全面质量管理要求在问题识别和解决的全过程中实现"持续改进"，这也类似于科学管理中的"科学螺旋"。不同类型、不同层次的科学实施，决定了科学创新是一个持续的过程。总之，科学的管理方法创造了全面的质量管理方法。

第三节 图书馆知识服务的内容

一、图书馆知识服务产生的动因

信息技术的发展和普及应用，正在深刻地改变着人们的生活、学习和工作方式。面对泛滥的信息，人们如何便捷地查找到所需要的信息，成为图书馆服务的重要内容。图书馆如何谋求发展，吸引更多的用户利用自己的信息资源和服务，提升自己的社会地位和生存能力是一个值得探讨的重要课题。面对这种情况，知识服务作为一种新型服务方式在图书馆得以开展，并将成为未来图书馆服务的重要方式。

（一）应对知识经济时代挑战的需要

知识经济时代，知识正成为社会前进的新动力和支点，建立在知识的生产、分配、传播、应用和创新基础上的社会格局正在形成，知识本身以及获取、运用知识的能力成为推动现代社会经济发展最具决定意义的要素，知识经济时代的显著特点是信息的数字化和网络化，各种原本只能从书本上获取的知识都可以被转化成数字化的形式在网络上进行传播，人们可以轻而易举地在网络上获取自己想要的各种最新的知识，知识经济时代网络获取信息的方便和快捷，信息获取方式的非专业化和非智力化，极大地削弱了图书情报机构在信息主渠道中的中介地位。图书情报机构作为知识收集、加工、存储、传播者的角色正逐渐退化，图书馆文献服务的垄断地位不复存在，单纯的信息资源服务已难以维持其知识内涵，难以提高对用户的贡献程度，图书馆收集、保存和提供文献资料服务的基本职能已不再是衡量一个图书馆水平高低的首要条件，为此，图书馆必须转变自身职能与时俱进以适应知识经济时代的挑战。

（二）满足用户需求

科学知识发展到今天，既高度分化又相互渗透，这种趋势使得用户的信息需求结构也发生了巨大的变化，从以文献借阅为主转向多种形式的信息需求并存，为了研究某一课题，科研人员自然需要了解多个学科领域的成果，同时，现代社会知识更新换代的速度越来越快，为了紧跟时代的发展赶超前沿，他们要求尽快查询国内外有关的研究动态和最新成果，希望图书馆能够尽可能准确、全面、及时、连续地为他们传递需要的信息，随着用户对信息需求的提高，不同用户需要图书馆根据他们个人特点提供具有个性化的信息服务。传统"千人一面"的服务方式已不能满足知识经济时代用户的信息需求，亟须改为不仅给用户提供文献，还可以提供以知识为单元的深层次和个性化的服务。用户不再仅仅满足于从以网络为基础的数字信息资源中快捷地获取所需要的信息，而是需要如何从所获取的大量信息中找到与自身需求相匹配的知识，并将这些知识创新、集成为相应的解决问题的方案。这种深层次信息开发的需求改变。要求图书馆不仅要对用户需求进行充分分析。更要就此对浩如烟海的信息进行筛选、整合和优化、找出其间有用信息，进而发现新的知识，以满足用户在知识经济时代的新需求，成为摆在图书馆面前的重大课题，成为现代图书馆开展知识服务的内在动力。

（三）图书馆信息服务环境的改变

网络环境下，图书馆信息服务发生了很大变化。首先，图书馆馆藏结构由过去单一纸质资源转变为现在的网络信息资源、电子信息资源、纸质信息资源等多种形式，构成图书馆实体馆藏和虚拟馆藏并存的格局。随着计算机技术、网络技术和通信技术的广泛应用，图书馆服务手段从过去的手工服务，转变成先进的自动化、网络管理模式，服务手段呈现信息化、数字化、网络化趋势，使用户在很大程度上无须通过馆员的中介作用，便能随时随地进行信息的检索、查询以及利用图书馆的实体馆藏和全球网络信息资源等。同时，面对着众多信息服务机构的竞争，图书馆在文献加工和整合过程中必须从文献单位深化到知识单位，详尽地揭示文献的知识内容，逻辑地创造出新的知识，形成知识产品，帮助用户得到所需的、有别于通过信息环境获取的、需要分析、重组的知识信息。

（四）图书馆自身发展的需要

知识经济时代图书馆从"信息服务"转向"知识服务"，知识服务对文献的加工要求更进一步，传统的文献加工只是基于简单的文献分类，但是，知识服务要求将这种有序化从文献单元深化到知识单元，在文献加工中真正实现知识重组，这就需要在文献的分类和主题加工中，尽可能详尽地揭示出文献中的知识内容，并建立起科学完备的检索系统，目前，我国不少图书馆的图书分类尚不完全，没有进行附加分类和分析分类；检索系统也不完备，甚至没有建立参照系统；大部分中小型图书馆还没有实行对文献的主题加工，因此图书馆必须要加快自身硬件的建设来应对知识服务的需要。

二、知识服务的内容

（一）知识服务强调以用户为核心

它首先要了解用户的相关背景信息，发现用户潜在的兴趣需求；其次，通过对用户检索行为的记录和学习，分析用户的检索提问，进行主动服务；再次，了解用户正在形成哪些新的兴趣点，及时为用户提供这方面的信息，使用户得到满意的信息服务，知识服务就是在用户最需要的时间，将用户最需要的知识传送给用户，始终贯穿用户服务的全过程。

（二）知识服务是面向知识内容的服务

知识服务是根据用户提出的信息需求进行系统分析，从大量现有的数据库中找出对口有效的知识，并用简明、科学、逻辑的方式显示出来，通过各式各样的外部信息源的收集、分类和组织，用分类的方式找出各知识之间隐含的关系，并从中找出与用户需求相匹配的知识，然后通过知识的传递，将最恰当的知识在最恰当的时间传递给最需要的人，通过用户的认知，实现对新知识的利用。

（三）知识服务是为用户解决问题的服务

知识服务是根据用户的要求对信息和知识进行不断查询、分析和组织、致力于帮助用户找到或形成解决问题的方案，并根据用户要求，动态地和持续地组织服务。

（四）知识服务是基于专业化、个性化、时效性的服务

知识服务要求按照具体专业和课题项目组织实施服务。其特点主要是在专业信息内容方面，科研人员希望能获得针对性更强、专业性更高、更省钱、更方便的基于专业内容的服务。按照不同的专业建设相应的专业网站，将专业信息资源导航、专业化网络检索工具、专题文献报道和专业咨询频道集成到这个网站上，做到对用户问题和用户环境的准确把握、及时跟踪；知识服务强调针对用户的特点提供个性化服务，协助用户开发个人化信息资源系统，为用户建立个人主页的系统界面和超级链接，为用户个人搜集、组织、定制个人需要的信息资源，最大限度地提高数字化资源的利用效率，以满足多元化用户的信息需求。有了个体性，才有针对性，才有时效性。

（五）知识服务是面向增值的服务

知识服务，它关注和强调利用自身独特的知识和能力，对现成文献进行加工，形成新的具有独特价值的信息产品，为用户解决其知识和能力所不能解决的问题。通过知识和专业能力为用户创造价值、通过显著提高用户知识反应和知识创新效率来实现价值，通过直接介入用户的最困难部分和关键部分来提高价值，而不仅仅是基于资源占有、规模生产等来体现价值。所以，多样化的模式并形成解决类似问题提供参考，节省了时间，降低了服务成本，在相同劳动的情况下使服务增值。其次，解决问题的知识可制成知识产品，形成一个个模块，根据问题的多样性组合出售。此外，利用提供的知识以及在此基础上加工、组织、创新形成的新知识、转化为高层次的生产力，这本身就是一种增值行为。

（六）知识服务注重的是创新服务

知识创新是一项更新知识的实践活动，它不仅需要科学研究部门从事知识的生产，而且需要有专门的机构和人员从事知识信息的收集、加工、整理和传播以促进知识的应用，图书馆具有专业化的图书情报资深服务人员，可以综合利用多种信息技术、网络技术为用户提供网络化、数字化的知识服务。可以根据用户的实际情况来搜集和选择各种相关信息，对现有文献进行加工整理并形成新的知识产品，为用户解决其知识和能力所不能解决的问题，从知识服务的特征，我们可以看到，知识服务是区别于图书馆传统服务的一种深层次服务，它的服务对象也不是所有的图书馆读者，而是有着特殊

需求的用户，随着网络信息技术的发展和用户多样化、个性化、深层次化的知识需求的增加。高校图书馆在多年知识服务实践的基础上，逐步形成了针对不同层次用户的知识服务模式。

三、图书馆知识服务原则

图书馆知识服务是一种知识的"再生产"和"再创造"过程，要顺利而有效地开展知识服务，最大限度地满足用户需求，就需要按照一定的规律，遵循以下原则"办事"。

（一）针对性原则

图书馆开展的知识服务首先应该坚持针对性原则，根据各项知识经济建设的需求有针对性地获取经济建设知识，有目的精选与重组成新知识集成提供给专业用户，这样的服务才是最有效的服务。在信息"爆炸"的当今时代，经济建设知识也是层出不穷的，在图书馆及整个社会中的存量极为丰富，开展对口服务，有效地把适用的知识集成作为一种资源分配给对口建设项目，显得更为重要。以往图书馆重视开展定题追踪、课题咨询等多种形式的针对性服务，在知识经济时代更应重视搞好有针对性的各项知识服务。

（二）时效性原则

随着新知识的不断产生与扩散，原有知识就会降低或失去其作用，为满足知识经济时代用户对新知识的需求，图书馆及时获取各种新知识并作高效率的处理与快速传播非常必要。要提供及时的服务，图书馆必须拥有先进的技术设备及一支训练有素的专业队伍。有了这两个必要条件，图书馆就能在第一时间从某个地区及整个国际范围内收集到有用的新知识，就能在最短的时间内把重组的知识产品提供给用户，及时发挥各种新知识在经济建设中的最大作用。因此，图书馆开展知识服务，尤应坚持时效性原则。

（三）主动性原则

图书馆的知识服务，作为一项新确立的服务项目，如何有效开展，怎样才能提高服务效率，怎样才能提高服务质量，如何更好地满足知识经济时代用户的需求等，这些问题都需要图书馆人去探索，去开拓。探索与开拓过程中必然会遇到困难与挫折，随着知识经济的兴起与发展，图书馆人就得主动去适应新的经济建设形式，积极参与到知识经济建设中。开展一项新的服务项目，缺乏积极性是很难办好的。因此，图书馆人在知识服务中，还必须坚持主动性原则。

（四）持续性原则

知识经济，作为一种新的经济形式，从其产生、发展到转变，将会经过相当长的阶段。图书馆知识服务必然是一项长期的服务。图书馆人要有长期作战的思想准备，不断开拓进取，为社会做出更大的贡献，从而为图书馆事业发展营造强大的经济后盾，促进图书馆事业的又好又快发展。就一项知识经济建设而言，建设者所需的知识并非是一次性的，而是要不断获取、更新、充实。图书馆为某一项知识经济建设提供知识服务，是专项跟踪服务，需要不断为建设者提供有用的知识产品。所以，图书馆人在知识服务中，坚持持续性原则也是必然的。

（五）营利性原则

按"谁享用、谁付费"的原则，应把价格机制引入到图书馆知识服务中来。图书馆开展知识服务。更要坚持营利性原则，即要使图书馆的知识服务保证能帮助知识经济建设集团创造更大的产值，并为图书馆事业发展获得更好的经济效益，服务中坚持针对性、时效性、主动性和持续性等，实现知识服务的服务内容个性化、服务策略产业化、服务手段自动化、服务人员专家化、服务效果效益化，为社会及图书馆创造良好的经济效益。坚持知识服务的营利性原则，也就是要在服务中全面遵守上述原则，并要全面突出知识服务的各项特点，从而达到营利的目的。

第四节 图书馆个性化知识服务

一、知识服务与信息服务的区别

知识服务与信息服务的区别在于，传统图书馆信息服务向用户提供的信息内容仅局限于素材型、资料型的显性知识、在信息服务过程中，没有对信息和知识给予具体的分析、提炼，而以一次文献、二次文献的形式直接提供给用户。用户通过各种检索手段，获取到的仅是文献或数据信息本身，并不一定是知识。且往往数量很大，包含许多无用信息，而知识服务则是通过对信息资源彻底地开发与利用，充分挖掘蕴藏于大量显性信息当中的隐性知识，系统地提供用户解决问题所需的知识。与传统信息服务相比，图书馆知识服务的提供模式有以下三个显著的特点：

一是专业化和个性化。

针对用户的专业特点和个性化需求。提供个性化的专项服务，协助用户开发自己的个性化信息资源系统。

二是多元化和先进化。

在传统服务方式基础上，采用先进的信息技术推出许多基于网络知识环境的新的服务手段、拓宽服务范围，形成集多种服务方式于一体的多元化服务体系，如专业服务、直接服务、全程服务、远程服务等。

三是集成化和动态化。

采用综合集成技术，将信息资源、人与技术有机地结合，把各种信息的理论和人的经验与知识结合起来，形成复杂的、纵横交错的但又条理清晰的服务关系网，建立柔性的开放式动态服务结构，发挥整体优势，形成高水平的信息服务能力。

二、图书馆知识服务创新

在知识经济社会，无论是一个国家还是一个单位或组织，只有不断创新才能生存，只有创新才能发展。创新是社会发展的原动力，也是图书情报机构持续发展的根本内在动力，为了更好地服务于社会的知识创新，图书情报机构的知识服务创新应体现在文献信息资源建设的创新、提供知识服务过程的创新，通过培养服务对象的创新意识，提高自身的竞争力和发展能力的创新。

（一）知识服务创新的基础

高水平的服务人员是关键。图书情报机构的知识服务依靠人而进行，针对人而运作，为人而存在，是一种高度依赖人的知识和智慧的服务。高水平的服务人员是知识服务的关键要素，也是服务创新的核心力量。高水平的服务人员是图书情报机构最重要的资源和首要财富。在知识经济时代，战略资源是人力资本。而人力资本又通过人的知识、技能、经验和智慧等来体现。在图书情报机构中，高水平的工作人员应当是指拥有丰富的文献工作经验、有熟练的信息服务技能、有一定的学科专业知识、有善于思考创新的智慧，他们不仅是信息资源与用户之间的桥梁和纽带，还是专业知识库的建造者和维护者，更是高知识含量产品的设计者和生产者、操作者，而他们的创新精神和创造能力正是图书情报机构的内在发展动力。把高水平服务人员作为图书情报机构最重要的资源和首要财富，并不意味着否定馆藏文献资源及其他各种硬件设施的重要性。从经济学的视角来看，它们是信息的生产资料和生产工具及交流的平台。新世纪图书情报机构的服务人员是信息资源的管理者、组织者和传播者，是信息检索利用的导航者和教育者，他们为用户提供高水平的知识服务。

广博深厚的知识资源是物质基础。知识经济发展最重要的资源是知识，其作用大于土地、资本等物质资源。在知识经济时代谁拥有更多的知识，包括技术知识，谁就能占领经济发展的制高点，掌握其主动权。知识资源的占有量和利用率，已成为衡量一个国家综合实力的重要标志。图书情报机构的知识服务将是基于多样化的动态的知识资源载体系统中的服务。图书情报机构作为人类社会知识的宝库。经过长期的文化积淀，积累保存着人类几千年文化科学知识的结晶、其知识资源的丰富性、系统性、连续性和完整性是其他知识文化机构无法比拟的，它独具服务于社会经济的知识资源优势，丰富的知识资源恰恰为图书情报机构的服务创新奠定了坚实的物质基础。

先进的网络设备和信息技术是运行保证。先进的网络设备和信息技术彻底改变了信息的记录方式、传播手段和交流渠道。得益于信息技术而形成的虚拟馆藏成为现代图书情报机构馆藏空间结构的一个重要组成部分，与物理馆藏组成了一个有机的整体，极大地提高了图书情报机构知识服务能力。它首先为服务范围向着开放性资源共享和全球一体化拓展提供了保证；其次，为服务内容向着电子化、数字化、网络化发展提供了保证；再次，为服务手段向着综合性技术应用趋势发展提供了保证。

知识产权制度是法律保障。知识资源的开发、管理和技术的应用，以及社会信息秩序的建立和服务人员综合素质的提高，都是围绕为用户知识服务展开的，作为知识服务的法律保证——知识产权制度，则是维持正常的服务秩序和保障各方面权益必不可少的手段，也是不可或缺的支撑体系。就图书情报机构的知识服务来说，知识产权问题主要表现在：如何利用著作权法对专有知识的创造者及其相关权益实施法律保护，如何平衡知识信息生产者和传播者以及使用者的权益关系及知识数据的安全保护等方面。

（二）知识服务创新的内容

思维创新。人类认识世界、改造世界的一切活动过程都是实践。认识再实践的循环交替过程,任何实践都离不开认识的思维活动。知识服务的创新也是一样,它是知识服务人员在长期服务实践中积累了大量经验,然后在总结经验的基础上,以创新性思维突破陈旧观念和常规惯例,创造出新概念、新思想、新方法。新技术知识服务人员在不断变化的用户需求和不断更新的技术环境下,必须以新的思维方式来创造新的服务方法。知识服务创新首先就是思维创新。知识服务的思维创新就是要在原来的服务上强化"以人为本"的服务思想,树立"精品化"服务意识。应用"营销学"服务理念,培养"社会化"服务观念,引进"大文化"服务机制。在知识服务实践过程中不断解放思想,敢于超越理论,超越习惯,超越经验,超越现实,大胆实验和创新,以新的思维、新的技术功能、新的服务方式、新的知识产品来取得知识服务的主流地位。

技术创新。知识服务是基于知识信息资源数字化建设、网络数据存储检索与传播体系、知识信息组织整合平台、知识仓库管理和发布系统、知识信息计量评价系统和数据库生产基地建设等方面的大服务体系,要促进这个大体系的良性发展和创新,需要建立一个知识服务的逻辑框架和协调机制,需要一个创新的技术基础。技术创新的内容有知识审计服务、知识组构服务、知识检索与链接服务、知识发布与交流服务、知识技术支持服务等。图书情报机构的知识服务是以满足用户需求为目标,通过一系列的方法技术来实现的。技术创新是知识服务永远具有活力的动力。

(三)知识服务创新的对策

馆藏资源结构的优化。优化馆藏资源结构,主要是指要建立多形态、多载体、多种类的实体馆藏资源和虚拟网络资源相结合的馆藏资源体系。纸质文献不仅是几千年来人们学习知识和创新知识的结晶,也是现代图书情报机构知识服务及其创新的重要的甚至是权威的知识资源。由于纸质文献的可保存性等特点,在利用和保存人类知识方面有着不可替代的优势,所以在优化知识服务创新的资源结构中,仍然是一种不可替代的资源主体。缩微资料、视听资料、光盘资料等其他非纸质实体资源,由于其具有密集型和数字化存储信息、方便保存等优点,也是图书情报机构知识服务的重要资源。对于各种实体资源,无论载体形式怎样,只要其内容是和用户需求相符的,有利于知识学习和创新的,都应该尽可能地收集利用。优化馆藏结构应将学科知识内容结构放在第一位,资源载体机构在其次。所谓虚拟资源是指图书情报机构只有使用权而没有所有权的网络信息资源,它包括通过网络传输购买使用权的大型数据库,可以联机检索的其他图书情报机构的各类资源和互联网上大量可供检索和利用的信息资源。这些动态的、丰富多彩的、浩如烟海的信息资源经过整理、取精、整合、分类纳入馆藏资源结构体系,作为服务创新的重要资源。

广泛知识共享保障系统的建立。从网上联机检索的其他图书情报机构的各类资源也可以纳入自己的馆藏体系,但是必须通过一定的方式和途径建立起互惠互利、共建共享的合作关系。通过网络的协同和互动,实现真正意义上的知识共享,使各类知识得以广泛的传播扩散,以便于最需要的人能尽可能地得到最需要的知识,从而达到知识服务促进知识创新的目的。

资源的深层次开发,新的知识产品创造。图书馆、图书情报机构深层次开发资源突出表现在对信息资源的收集和重组创新上。知识重组创新是将全面收集来的知识和信息经过筛选、分析、归纳后提出综合性的论述和评论,并从中提取可信的、新颖的、有效的适用于用户的新数据,创造出新的知识产品供用户使用。这些高知识含量的产品提供给用户,可以改变用户的知识结构,启发他们的创新思维,使用户以科学的思维和决策能力去认识问题和解决问题。

知识管理的实施,创新智慧和活力的激发。知识服务的创新对工作人员的知识水平、智力水平及综合素质的要求是相当高的,图书情报机构必须通过知识管理,以各种方式来激发和培养工作人员的内在智慧,使他们能够胜任并不断创新知识服务工作。知识管理就是要通过对组织机构的知识资源(尤其是蕴含于人脑的隐性知识)的挖掘、开发和利用,促使它们转化为组织机构的创新能力和发展能力。

信息教育和技术培训的加强。加强信息教育和技术培训是知识服务创新对策非常重要的环节。因为知识服务水平和效果的高低、好坏取决于知识服务工作人员和用户的信息素质。加强信息技术培训对工作人员而言,就是力求每一个工作人员都能熟练掌握知识服务所必需的信息技术。并能将现代信息技术与传统文献服务业务知识相联系。转化成个人的知识服务能力,这样再在自身所具有的某一学科专业知识的基础上创新才能为用户提供高水平的知识服务，才有可能在服务中创新用户的信息教育和信息技术培训，而且与工作人员要有区别：用户信息教育以培养其信息意识、信息检索能力为主；工作人员的信息技术培训以提高他们信息搜索、处理、组织、传递的能力为主，并培养信息技术开发研究能力。

第五节 现代图书馆管理体系建设

一、管理思想和理论对我国现代图书馆管理的影响

现代图书馆管理是在管理学和图书馆学的基础进行的，所以在图书馆管理中必然要在立足图书馆学的专业基础上借鉴、吸收管理学理论的最新成果，以丰富现代图书馆管理理论，指导图书馆的管理实践，而在众多中、西方管理理论中能对图书馆管理起到有利影响的理论主要有以下几种：

（一）"创新管理"理论与图书馆管理

创新是未来管理的主旋律，作为人类社会持续发展下去的不竭动力，创新是指以新思维、新发明和新描述为特征的一种概念化过程。根据这一定义管理创新至少包括五个方面的内容：提出一种新的经营思路并加以有效实施；创设一个新组织机构并使之有效地运转；提出一个新的管理方式、方法；设计一种新的管理模式和进行一项制度创新。知识经济时代，面对科学技术日新月异，知识量、信息量剧增和市场剧变，谁能感觉敏捷抓住时机，谁就会在竞争中获得胜利。以往图书馆的管理制度和管理模式的设计，常常以规范人的行为、使人不犯错误为出发点，有着过多的管制和约束，这种过细过严的规则，通常会抑制了创新精神的发展。而管理上的创新能使图书馆打破常规，改革管理工作流程，大大提高管理效率；能使图书馆以敏锐的观察力，密切关注未来变化的新趋势、新动向、新问题，能以超前的意识果敢决策，适应未来发展的要求。此外，创新管理表现在图书馆管理中就是还要树立创新意识，发扬创新精神，在创新中寻找出路，在创新中寻发展，把创新渗透于图书馆的整个管理过程之中。要充分发挥现代信息技术和管理技术的优势，以促进图书馆管理创新为着眼点，更新图书馆管理理念，引进先进的管理理论，实现图书馆的技术创新、人员创新和服务创新，从而通过改革创新，

建立起一套崭新的管理运行机制,以适应社会发展的需要。

(二)"组织文化"理论与图书馆管理

管理从他律到自律,起主导作用的是一种文化认同,文化力量在组织的潜移默化是至关重要的,被推崇为现代管理的最高境界。文化可以从根本上影响着图书馆管理的出发点和方向。广义上的图书馆文化指的是基于图书馆及图书馆事业的文化内涵与文化现象之和;狭义而言则是指在图书馆核心价值体系基础上形成的,具有延续性的、共同的认知系统。这种认知系统表现为馆员的群体意识形态,它能使馆员之间达成共识,形成心理契约。因此,图书馆管理中应注重文化的建设。树立积极向上的图书馆文化,有利于营造图书馆良好的社会形象,争取更多来自外部环境的有力支持;有利于引导馆员形成正确的职业观,将自身行为与图书馆的整体目标协调起来;有利于确定图书馆的办馆宗旨、服务方针、发展方向,并且渗透到图书馆活动的方方面面。

(三)"人本管理""能本管理"理论与图书馆管理

"以人为本"的管理思想在历史上早已存在,中国古代的儒家思想体系就是"人本管理"的代表。在西方,从古希腊的雅典民主政治到现代管理理论思想,都有"以人为本"管理思想的体现。但从古到今,人们所重视的都是带有强制色彩的管理制度。这种管理依托于权力和强制,不重视人的真实感受和需要,强调遵守与服从。不过,20世纪中叶以来,人们逐渐认识到管理中人的因素的重要性,正式提出了"以人为本"的管理理念。目前,"人本管理"是世界上最为推崇的管理方法之一,被广泛应用于现代企业,是现代管理学中的重要理论。它强调的是以人的全面发展为准则,实施以人为中心的管理,其核心思想是尊重关爱人、理解信任人、完善发展人。对于图书馆管理来讲,"人本管理"的管理的核心就是把馆员作为最重要资源,使其作为管理的主体。围绕如何利用和开发馆员服务于组织内外的利益相关者,从而实现图书馆目标和馆员个人目标。实施"人本管理",就是要通过科学、有效的方法,发扬馆员的优点,抑制馆员的弱点,提供能发挥馆员的潜能、智慧和创造力的环境,使馆员在创造社会财富、实现效益的同时,不断发展自我,实现自身的价值。"人本管理"属于柔性管理的范畴,其职能侧重于疏导、教化与激励,其特点是用柔性手段进行调节与控制,用非强制性的一套方法去影响、感应馆员的心理和行为,从而调动和激发他们的积极性、创造性,凝聚实现组织目标的群体意志和力量。只有通过"人本管理"才能全面开发馆员的潜力,充分发挥其才智。因此,图书馆管理的"人本管理",首先,要尊重馆员,这里的尊重不仅包括尊重馆员的人格和表达意见以及个人发展意愿的权利,还要尊重馆员的能力,尊重馆员的价值和劳动;其次,图书馆要充分认可每个馆员在图书馆的贡献,客观地评价馆员的业绩;最后,要允许馆员选择适合自己的岗位,以便提供发挥其潜能的机会。

所谓"能本管理",就是指以能力作为本位的管理理念,它是相对于"物本管理"和"人本管理"而言的,它源于人本管理,又高于人本管理,是更高阶段、更高层次和更高意义上的人本管理,是"人本管理"的升华。"能本管理"在图书馆管理的运用就是通过有效的方法,以期最大限度地发挥人的能力,从而实现能力价值的最大化,把能力这种最重要的资源转变为图书馆发展的推动力量,实现图书馆发展的目标和创新。目前,有些图书馆也在管理中尝试量化管理,但图书馆工作的性质决定了其部分岗位是很难用量化的方式来考核工作绩效的,而"能本管理"这种强调充分发挥个人的能力的管理,为图书馆管理提供了一条新的思路。在图书馆管理中引进"能本管理"理论,可以为图书馆建立各尽所能的运行管理机制提供理论支持。而在实际工作中管理者能善于及时地发现馆员的潜能,做到人尽其才,才尽其用。把有能力的、有干劲的人放到重要位置上去,从而营造一个有利于馆员良性竞争的环境,有效地调动馆员的工作积极性和能动性。

(四)"学习性组织"理论与图书馆管理

"学习型组织"作为20世纪90年代以来发展起来的一种全新的管理理论,是建立在系统动力学的基础上的。学习型组织理论的问世引起了管理学界和企业家的广泛关注,并在企业实践中取得了良好效果。作为管理理论中的新思想,它融合了当代终身教育思想,把学习作为组织的生命源泉,是当今最前沿的管理理论,建立学习型组织成了以后管理发展的新趋势。学习型组织本身是一种宏观的管理理论,其适用的范围非常广泛。

"学习型组织"理论应用于图书馆管理可以增强图书馆馆员的整体意识,培养馆员之间的协同工作精神,促进图书馆内部的交流与合作,促进知识的共享,树立图书馆的学习风气,提升图书馆全体馆员的知识学习能力。

同时，建立终身学习机制是符合图书馆工作实际需要的，可以解决图书馆馆员学习与工作之间的矛盾。此外，"学习型组织"理论应用于图书馆管理中，还有助于实现图书馆的知识管理，对适应科学技术、信息发展对图书馆的影响具有十分重要的意义。

二、现代图书馆管理环境建设

图书馆管理环境是指可能对图书馆行为和管理活动产生直接或间接影响的各种因素的总和。根据各种因素对图书馆管理的影响程度不同，可以将环境分为图书馆管理的外部环境和内部环境。图书馆管理就是要了解这些因素变化的情况，及时掌握环境变化的信息，以进行正确的决策。

（一）图书馆管理的外部环境

1. 一般环境

一般环境是图书馆管理的外部环境之一，又称为宏观环境，是指对图书馆管理活动产生影响，但其影响的相关性不强或间接相关的一些因素。这些因素对图书馆的影响虽然不是直接的，但有可能对图书馆产生某种重大的影响。具体包括：

政治环境，政治环境的稳定是图书馆发展的基础因素，国家对图书馆的重视程度直接决定着国家对图书馆的宏观调控政策、财政对图书馆的支持和图书馆管理的对外交流情况。

经济环境，指的是包括社会经济结构、经济发展水平、经济体制和宏观经济政策等几个方面，它们构成图书馆生存和发展的社会经济状况及国家经济政策。

法律环境，指的是与图书馆相关的社会法制系统及其运行状态。当前，越来越多的国家将图书馆和图书馆管理纳入法制化管理渠道，为图书馆的发展提供了稳定发展的基础和保证，我国目前的图书馆和图书馆管理还没有上升到法律层面，有必要向此方向发展。

科技环境，是指图书馆所处的社会环境中的科技要素及与该要素直接相关的各种社会现象的集合，包括社会科技水平、社会科技力量、国家科技体制、国家科技政策等。科技环境对图书馆的影响巨大，现代图书馆的快速发展与科技发展密切相关，所以关注科技环境有利于图书馆的发展。

社会文化环境，包括一个国家或地区的人口、家族文化教育、传统风俗及人的道德和价值观念等。这些因素影响着图书馆的数量、文献信息资源的收集方向以及图书馆的服务对象等方面。

2. 特殊环境

又称微观环境或任务环境，是指对图书馆的组织目标实现产生直接影响的外部环境因素。与一般环境因素相比，这些因素对图书馆的影响更频繁、更直接。包括：

读者或用户，是指利用图书馆文献信息资源的人群，是图书馆服务的对象，是图书馆存在的必要条件，对图书馆的影响是起着决定性作用。

文献信息资源的供应者，包括出版社、图书馆经销商、数据库的开发者和经营者、信息设备的开发和生产，当然也包括各种信息、技术和服务等。这些供应者提供的产品或服务的数量、质量和价格直接影响着图书馆的文献信息资源的保藏程度、水平和服务的质量。

图书馆的竞争者和合作者。网络信息服务使图书馆的发展面临着巨大的困难，它的方便、灵活、丰富性影响着传统图书馆的管理，为此，图书馆的管理要向网络信息服务的管理模式借鉴，以及调整自身的战略目标。同时，与网络信息服务合作，发展自身特色的网络信息服务平台，促进自身发展。

业务主管部门，多数类型的图书馆，都是受一定部门的领导。与这些部门的良好沟通，是保证图书馆朝着既定目标前进的基础之一。

以上这些环境因素构成图书馆管理的外部环境。外部环境的不确定性和复杂性使图书馆在存在和发展过程中要不断密切关注这些因素的变化、建立一定的缓冲机制和弹性机制以适应这些因素的影响，并加强自身对外部环境的控制，努力调适图书馆管理使外部环境对图书馆的负面影响降至最低。

（二）图书馆管理的内部环境

图书馆管理的内部环境一般包括图书馆文化（图书馆内部气氛）和图书馆的基础条件两部分。

第一，图书馆文化是处于一定经济、社会、文化背景下的图书馆，在长期的发展过程中逐步生成和发展起来的日趋稳定独特的价值观，以及以此为核心而形成的行为规范、道德规则、群体意识、风俗习惯等。一般可分为三个结构层次，即：

表层文化即物质文化层，包括馆舍馆貌、工作条件、工作设施配备情况等是图书馆内层文化的物质体现和外在表现。

中层文化即制度文化层,是指对馆员和图书馆自身行为产生规范性、约束性影响的部分,主要包括工作制度、责任制度和其他特殊制度等,这些是图书馆物质文化和精神文化的中介。

内层文化即精神文化层,包括用于指导图书馆开展读者服务活动的各种行为规范、价值标准、职业道德、精神风貌及馆员意识等。

以上这三个结构层次的文化互相联系、互相依赖、互相影响和互相转化,构成图书馆文化的统一体。对图书馆的管理起到了导向功能、凝聚功能、激励功能、规范功能以及渗透功能。

第二,图书馆的基础条件是指图书馆所拥有的各种资源的数量和质量情况,包括人员素质、文献信息资源的储备情况、科研能力等。

这些因素与其他因素一样,影响图书馆的目标的制订与实现,而且还直接影响图书馆管理者的管理行为。

第二章 智慧图书馆知识服务

第一节 智慧图书馆的知识服务概述

一、智慧图书馆知识服务的目标

智慧图书馆知识服务延伸要从过去的资源驱动型，向服务主导型转变。具体表现在为：资源建设上，从以图书馆为中心的资源拥有，向以用户需求为导向的资源获取上转变。在资源形态上，表现在从以纸质资源为主向纸电（纸质和电子）资源合理搭配、空间资源再造和人力资源再造上转变。服务内容上，从简单提供文献和数据向提供信息、知识和智慧的服务转变，从单一的文献提供向立体式的创客空间、学习平台提供的转变，从整册文献的借阅服务向碎片化知识的获取转变。智慧图书馆知识服务延伸涉及的过程从保存和提供研究成果扩大到提供信息、参与分析研究过程的转变。智慧图书馆知识服务延伸功能从以文献提供为主的服务向以信息输送、数据挖掘、空间再造、知识发现、智慧服务功能为主的"以人为本"的服务功能转变。因此缩小用户个性化、多层次的知识需求、感知体验与实际使用状况之间的差距，即智慧图书馆知识服务延伸的目的，需分别升级优化智慧图书馆知识服务的互联情境、资源情境和服务情境的易用性、有用性、激励性等功能，实现从平台技术、资源内容、服务程度的关注跃迁到对用户的关注。总之，智慧图书馆知识服务延伸的最终目标是提高智慧图书馆知识服务能力和水平，满足用户日益丰富的多样化、个性化需求。具体来说，智慧图书馆知识服务延伸是利用物联网技术实现资源的数据化，应用元数据收割，建立数据仓库；在数据互联的基础上进行大数据的存储与计算，形成第一手可靠的信息资源；在信息采集的基础上，对资源进行重组，通过资源再造，建立知识库体系，实现信息的知识化；在情境感知的基础上，构建精准化服务平台，提供个性化的知识服务产品，实现知识的智慧化，并最终利用大数据分析工具，进行机器学习，挖掘用户偏好，推荐个性化知识产品，实现精准化服务。

互联情境是智慧图书馆知识服务情境功能的技术保障，互联情境的无障碍化联通与普及取决于物联网的支持性情境技术及知识服务平台的易用性与受众感知。资源情境是智慧图书馆知识服务的物质基础，为提高资源内容质量而进行的资源重组及资源再造关系着用户知识挖掘、知识联想、知识利用与知识创造等活动的顺利开展。特别是人力资源又成为智慧图书馆知识服务延伸的第一资源，是应用新兴技术于知识服务过程中并进行资源再造、知识创造和智慧服务的关键所在。服务情境是在技术互联情境与资源情境联合作用下联通智慧图书馆知识服务场域各要素的融合，服务个性化和精准化适配激励功能体现智慧图书馆知识服务的最终绩效。互联情境、资源情境和服务情境在智慧图书馆知识服务延伸机制中交叉融合与相互作用，共同影响并决定着知识服务水平及用户的感知体验与满意度。

综上所述，在新的技术环境下，以关注用户的需求为导向，具体实现以下几个方面的目标。

（一）关注平台与技术升级

平台与技术升级就是要对用户需求变化及体验感知完全实现无障碍互联且以提高用户的感知易用性为目标。在互联情境构建中，着力提升智慧图书馆知识服务平台对不同类型互联终端、不同地理空间环境、不同区域时段的交互支持力度，以满足不同类型和不同层次用户在任何时间、任何地点的信息交互需求，提升互联场景的易用性功能。设备的易用性指的是用户在使用知识服务平台时感知的易操作性以及平台的兼容性、流畅性、反应速度以及安全性等，各种互联设备的操作界面设计更加符合人性化要求，感知易用和美观并符合用户的使用习惯，保证服务平台支持系统的可维护、可拓展和可修复性，提升知识服务多平台的数据切换与共享以及保障资源组织的科学合理。

（二）关注资源建设质量实现资源再造

资源质量的保障主要通过对资源采购与组织活动进行监管，实现资源内容的精细化重组与语义化情境再造，从而提高资源利用过程中用户的感知有用性与针对性。资源情境构建中，既要保证智慧图书馆知识服务应运中资源的更新速度，以满足用户前沿的信息需求；又要保证信息资源的专业化水准、内容的契合程度，以满足用户精准的信息需求。在资源再造情境构建中，要通过语义化情境再造完成以资源内容的精细化重组，保障用户信息获取的标准化、知识化和可视性，有必要促进平台信息描述、符号价值和意义的统一，确保信息表达与组织的结构性、系统性、直观性、多维性与融合性。

（三）关注人力资源的培养、开发与利用

专业馆员服务能力和要求的转变，应该以其职能的转换升级为导向，以馆员能力培养为依托。在智慧图书馆知识服务中馆员的能力至关重要，起着首要作用。馆员能力不仅可以激发服务对象的潜在需求，协调馆员与用户之间的关系，提高管理水平，而且主导着图书馆服务的广度与深度，因此加强专业馆员人才的培养就显得尤为迫切。知识服务馆员能力要求逐步从简单到复杂，从单学科到多学科，从数据、信息服务到知识、智慧服务，所要求的专业技术水平不断提高，知识服务所要求的专业馆员朝着专业化、集成化、学科化和技术化方向发展。因此提出具有竞争激励机制的制度安排和符合实际的培养方案，是图书馆知识服务迈向成功的保障。

（四）关注服务激励与适配性

服务的激励是指通过服务资源情境的优化、互联情境的升级吸引和带动知识服务主客体以更加热情的态度投入到智慧图书馆知识服务的实践中去，从而完善和发展知识服务的内容和功能。为此，要从两个方面着手：一方面，应扩大知识服务的柔性机制，为用户着想减少其时间、精力投入，使其以最小成本便利快捷地获取信息，保证服务过程的流畅性、友好性与安全性，以实现服务流程的标准化；另一方面，服务过程应能够根据用户个性情境进行"私人定制"，平台发布信息的数量应考虑用户的接受能力以使用户的信息诉求得到快速的响应，也就是要提供服务情境的个性化，根据协同创造的要求在知识创造、协同利用、共建共享中保证服务的舒畅与融合，最终实现各服务功能与服务情境内容的个性化。

二、智慧图书馆知识服务的原则

智慧图书馆知识服务的受体是用户，以用户的需求为导向是图书馆知识服务的根本原则，因此一切知识服务活动都应该围绕提高用户的满意度和改善其感知体验进行,这也是提高智慧图书馆知识服务延伸质量的关键。具体应遵循以下设计原则。

(一)用户需求导向原则

这是智慧图书馆知识服务延伸的根本原则。用户是智慧图书馆知识服务的受体(或对象),是智慧图书馆知识服务的接受者、体验者和评价者,是智慧图书馆开展知识服务活动的内在动力来源。所谓用户需求导向原则就是要以用户为中心,想用户之所想,挖掘开发其需求,尽图书馆的能力解决用户的现实问题,此外还应该充分发挥用户的能动性,促使其参与到智慧图书馆知识服务中来,配合图书馆资源情境建构与服务平台的推广应用,对服务绩效进行反馈与改良建议等。总之知识服务延伸一定要调动用户对智慧图书馆知识服务参与的主动性和积极性,激发用户的持续使用意愿。

(二)包容性原则

智慧图书馆知识服务是新兴事物,在服务流程尚未标准化以前出现这样或那样的问题都是难免的,因此需要各方都有一种包容性的态度,允许出现部分不完善甚至错误,只要是出于对用户知识服务负责的态度,抱着解决问题发展服务的心思意念,任何的出错都是可以谅解和消除的。

(三)互联情境的易用性原则

智慧图书馆知识服务所依赖的技术情境也是不断发展构建的,用户对智慧图书馆知识服务平台的利用不再局限于一家图书馆或一个平台等物理空间,而是实现突破时空限制的泛在层面的利用,是期待智慧图书馆知识服务应用能更人性化和便捷化,突破时间、地域空间、物理设备支持的局限,可以随时随地实现跨平台与多情境的信息资源共享、协同创造与开发,因此智慧图书馆知识服务应努力提高互联情境的易用性。

(四)资源重组与资源再造的有用性原则

提高信息资源的利用率,发挥资源情境功能在知识服务中的作用,这是提高智慧图书馆知识服务绩效、降低服务成本的重要手段,也是智慧图书馆知识服务得以顺利开展的重要途径。图书馆各种资源既是智慧图书馆知识服务开展的根基,也是智慧图书馆知识服务成效实现的依据。智慧图书馆知识服务资源情境建设与资源再造升级是否成功,关键看其利用率与有用性功能的发挥,这是衡量智慧图书馆知识服务绩效的重要内容,用户在资源情境中的获得与感知体验取决于资源建设情境的权威性、准确性、专业性、新颖性和时效性，以及资源再造情境后碎片化重组的关联性和语义化知识的专业性，使资源情境中的信息或再造资源更具知识性、专业性、智慧性及可视化。

（五）服务的适配性原则

服务适配可以激发用户持续使用的兴趣，也是智慧图书馆知识服务流程标准化和情境内容个性化、精准化的发展方向，是实现智慧图书馆知识服务绩效的重要保障，体现在知识服务整个过程的及时性、适量性、针对性、协调性、适应性和有效性，其总体适配程度是衡量和影响智慧图书馆知识服务绩效的关键性因素。

（六）情境功能的拓展性原则

知识服务过程中的信息交互是智慧图书馆知识服务延伸的必要程序，信息交互行为可以减少知识服务过程中的磨合与无序行为、增强服务的愉悦性与自适应匹配功能，促进用户在智慧图书馆知识服务情境中的良好感知生成。因此，从互联情境、资源情境到服务情境进行交互拓展性功能设计，可以提升智慧图书馆知识服务延伸的丰富性和可能性。互联情境要以易用性、便捷性和可用性为重点进行服务平台设计，资源情境要以有用性、专题性为重点进行内容甄别、筛选，实现情境再造与整合，服务情境则要以激励性为重点，实现服务流程的标准化和情境内容的个性化配置。

第二节 智慧图书馆的知识服务过程

一、智慧图书馆的知识服务框架

智慧图书馆的知识服务框架分为心智、心智模式、共同心智模式。

（一）心智

心智是人们对已知事物的沉淀和储存，通过生物反应而实现动因的一种能力总和。简单来说就是将知识、社会和他人的经验转化成个体的智慧的能力。虽然每个人都拥有心智，但其心智都存在着很大的差异，有的强，有的弱，这些差异也直接导致了人生轨迹的不同。

（二）心智模式

心智模式最早是在1943年由苏格兰心理学家肯尼恩·克瑞克（Keeneth

Craik）提出的。他将心智模式理解为当人的大脑在看到外界事物之后,外界事物在人的大脑中的一种反馈,亦或称之为"一种重组"。人类运用自身的心智模式观察世界、认知世界、理解世界。人类在日常生活中大部分时间都与外界事物进行长期重复性的互动,通过心智模式在大脑中对外界事物进行重组时,有利于人类更快的做出反应,更好的适应外界环境。

（三）共同心智模式

在一个队伍中,每个人都拥有自己的心智,所以每个人对同一事物的看法也各有不一,一个队伍是否需要将成员的心智达成一致以便更高效的工作。共同心智模式是指在团队中每个成员都拥有自己的心智,为了更好的工作和完成任务,力图将所有成员的知识结构达成统一,每个成员都应进行自我调整以便在工作中与其他成员间达成默契,使团队作业能够更好、更高效的完成。共同心智模式概念的提出有助于理解和解释为什么不同的团队在完成同样的任务时有着不同的质量和效率。

二、图书馆与读者之间的共同心智

当读者来到图书馆使用计算机查阅资料的时候,图书馆就会利用智能技术提取到该读者所查阅资料的历史记录,通过历史记录分析读者的查阅习惯、喜好、擅长的领域等,做到与读者达成共同心智。达成共同心智后,图书馆就会根据每位读者的情况为读者提供不同的个性化智慧服务。

比如读者为了寻求某种知识（这种知识还需某种知识的铺垫才能完全了解,而读者自己不知道）来到了图书馆,当图书馆捕捉到读者查询这一知识时,就应当做出适时的反应,罗列出了解该知识所需的一切资料,包括知识铺垫的资料。这样,当读者查询时就会很清楚自己该做什么,该从哪一方面入手,这种做法无疑方便了读者,也会让读者感到图书馆智慧服务的利好。

再比如读者只是来图书馆进行简单的借还书服务,图书馆应该在其每个楼层都设立多个自助借还书系统,就像我国现在的高铁火车站所设立的自助取票系统一样,完全做到自动化,使读者方便、高效率的完成借还书。与此同时,应该在自助借还书系统显示屏上详细记载读者的借还书记录,并根据读者借书的记录分析出读者的喜好或其擅长的领域,通过智能技术为读者推荐一些其感兴趣的领域的其他书目。

三、馆员之间的共同心智

一个图书馆内的所有馆员可以被看成一个团体，这个团体是为了图书馆蓬勃发展而存在的。我国有很多图书馆，但是每个图书馆服务的质量和态度都不一样，大城市图书馆的服务质量和态度未必会高于小城市。造成这种状况的缘由并不全是因为资金、技术匮乏，最主要的应该是馆员的问题，如果可以将馆员的心智达成一致，那么他们工作起来必然会更有效率，图书馆的发展自然也会更快。图书馆内有很多部门，例如流通、采编、参考咨询等，这会导致每个馆员被分配的工作都不一样，但是不能因为工作性质的不同就缺少彼此之间的交流，在工作中，无论哪个部门的馆员都应该勤沟通，交流彼此的知识和工作经验，尤其是同一个部门下的馆员更应该做到这一点。因为只有这样，馆员之间才能产生互动，才有可能达到共同心智，一旦馆员们达成了共同心智，工作效率会大大的提升，遇到突发状况时也会一起从容面对。当馆员达成共同心智后，在他们工作时我们经常可以看到一种心领神会的默契，往往馆员之间的一个眼神就会理解对方的意思。馆员们之所以能够在烦琐模糊的环境下高效率的完成工作，一个很重要的原因是馆员们在这种环境下完成工作或解决问题的方法、思路都是基本一致的。此外，各个图书馆之间应该打破以往保守的传统，让各个馆的馆员有机会接触并进行沟通，吸取对方的经验并使他们也达成共同心智，这对图书馆的发展是有百利而无一害的。最后，条件允许的话应该让全国乃至全世界的图书馆馆员都有机会进行交流，从而开拓自己的视野，提升自己的知识储备和经验，当为读者提供服务时，毫无保留的将自己所知道的知识提供给读者，让读者通过自己的服务提升其心智，从而实现智慧图书馆的初衷。

四、馆员与读者之间的共同心智

商业圈里有句俗话："顾客就是上帝。"此话同样适用于图书馆，读者就是图书馆的灵魂，图书馆本身就是一个为人民服务的机构。试问一个没有读者愿意去访问的图书馆，它的存在又有什么意义呢？当代图书馆的大楼建得越来越高，越来越现代化，资料和信息越来越丰富，但是读者数量却没有因此而增多，这就表明读者在乎的并不是这些表面上的东西，而在乎的是其本质的东西，即人文智慧服务。虽然图书馆现在利用智能技术可以提供很多便捷服务，但是有些东西是不能通过机器传递给读者的，比如人生阅历、经验。

要想使馆员与读者之间达成共同心智，首先最重要的就是改变馆员的传统服务观念，即"为人作嫁衣"的被动服务观念。馆员的最主要任务就是将文献资源介绍给需要它的人，起到一个中介的作用，换一种说法就是为人作嫁衣。以前这种被动的服务观念往往会令馆员产生些许消极心态，馆员往往将自己的能力限定为图书的上下架、借还以及编目索引等简单的工作，认为自己得不到社会的认可，在外人看来自己只是一个普通的图书管理员。但是当我们换一种认识，将为人作嫁衣看成"服装设计师"，也就是当图书馆员为读者介绍和推荐文献资源时，图书馆员无疑为知识和智慧的普及做出了不小的贡献从而推动了社会的发展。至此，图书馆员就不再是简单的图书管理员，而是利用自身的智慧将文献资源所含的有用信息最大程度地传播到社会的各个角落，即图书馆员是智慧的传播者，是社会与智慧的桥梁，只有这样图书馆的服务及馆员自身的价值才能获得社会的赞同。

在改变自身服务观念的同时，馆员应该还注重以下两点。

第一，图书馆员在工作中，在"管书"的同时还要学会"用书"，通过阅读大量的资料来了解社会发展的动态，提升自己的知识储备和智慧，加强自身的心智。我国历史上有许多伟人都在图书馆工作过，在图书馆增长自己的见识，提升自身的智慧，最后利用其所学所悟为社会的发展做出巨大的贡献。

第二，当读者来到图书馆后，馆员应该摒弃以前的被动服务方式，主动找读者询问其是否需要帮助，通过自己的智慧为读者服务，争取与读者达成共同心智，真正了解读者的需求并做出合理高效的智慧服务。读者绝大多数情况下会欣然接受帮助的，这种做法会让读者觉得很温馨，来到了图书馆就像回到了自己的家一样，读者也会很欣赏图书馆的这种做法，自然也就愿意来到图书馆。由此可见，图书馆只有注重人文智慧才能吸引更多的读者。

五、读者与读者之间的共同心智

当读者来到并向智慧图书馆提出某种诉求时，智慧图书馆会将这种诉求和其他读者的相匹配，如果有一样的内容，智慧图书馆会主动介绍给读者。这样就形成了一个拥有相同诉求的小群体，形成了一个虚拟社区。在这个虚拟社区中，读者可以共同合作与学习争取解决自己的问题。在解决问题的过程中,通过彼此的深入沟通和交流,会自然的得到对方的隐性知识从而提升自己的心智,进而达成共同心智,更高效率地解决问题。同时,各个社区之间也可以进行相连,分享彼此的知识和经验,共同合作、共同进步。

第三节 智慧图书馆的知识服务模式

在图书馆中,模式就是指在固有的、重复的服务中,根据以往的经验总结出的一种固有的解决问题的方法,并将该方法上升到理论高度。通过对智慧图书馆书书、书人、人人动态相联的特征和上述提到的基于共同心智的智慧图书馆知识服务的分析、归纳,按照其特点和优势总结了以下几种智慧图书馆知识服务模式。

一、基于书与书共同心智的智慧图书馆知识服务模式

（一）知识管理服务模式

在当今社会中,图书馆正在转变其服务理念,由过去注重馆藏、被动服务等逐渐向以人为本、开展智慧服务、满足用户日益增长的个性化需求的方向转变。数字技术的迅速发展导致海量的信息涌现在世人面前,各种载体的资源不断充斥着世人的眼球。但当用户接触这些杂乱无章、多如牛毛并且种类、介质繁多的资源时,经常会感到迷惘,不知所措,不知道哪些资源才适合自己,所以图书馆的资源整合计划必须提到日程上。从实质上说,用户越来越向往高速、高效率的服务。资源很多,但用户使用时往往需要进行大量的重复检索和筛选工作,这就大大降低了效率。现在用户注重的是馆藏资源是否精炼,使用起来是否便利。所以,纵使图书馆拥有再多资源甚至是别的图书馆所没有的,这些对用户来讲都不是最重要的,用户最为关注的只是在图书馆能否高效且快速的得到所需求的资源。

知识管理服务模式是以智慧图书馆为前提,将所有图书馆和网络的信息、知识重新进行提取、加工和管理。采用智能技术和数据库技术,依照学科或某种体系结构将海量错杂的信息进行重新的分析和归纳,建立全新的专业化、智能化的导航库。在此基础上,对重新整理好的知识信息进行深度的理解,探索知识与知识间的潜在关联,通过图书馆员的智慧创造出独一无二的全新知识产品供用户使用。在大数据的影响下,智慧图书馆应该对信息资

源进行深度的挖掘,将信息资源进行简化、浓缩,找到隐藏在信息资源中的有用知识并提炼、整合出来,以便于人们识别和理解知识;通过智能技术,将每个用户通过该导航库查询的知识进行记录和保存,一旦别的用户也查到和之前用户相同的知识领域时,自动列出之前用户所查询的信息并设立留言板块,方便用户之间进行知识的交流,达到知识最大化的利用。

此外,图书馆还可以建立一个新型的软件系统,该软件可以根据用户输入的请求在现有资源中搜索出符合用户需求的主题信息,并经过分析、整合,按照用户的个性化需求,对用户进行定向服务、专题服务和跟踪服务。

(二)知识导航服务模式

知识导航服务模式的核心宗旨是解决用户的问题,以用户为核心的服务。它的含义是在互联网环境下,庞大的信息和知识往往令用户眼花缭乱,自己所需的资源往往要耗费大量的时间才能找到。知识导航服务模式就是能在海量的网络资源里帮用户快速、高效地找到其所需要的资料,节省用户的时间。它将图书馆员转变成了知识的导航员,在复杂的网络环境中为用户保驾护航并提供引导咨询和主动的个性化服务。在智慧图书馆体系的支撑下,知识导航服务模式得以最大限度的发挥,因为各馆之间都完成了相联,馆员可以利用网络穿梭在任意一个图书馆为用户寻找资源。

现今,用户所要求的服务越来越专业化、智能化和深层次化。图书馆如果再不更新以往的服务方式势必会走向没落。知识导航服务模式是图书馆为了与时俱进,迎合用户多样化的要求而诞生的。它也包含了许多新的特点,如服务对象面向全人类,服务内容载体的多样化,服务手段变被动为主动,并且呈现出多元化和个性化、服务流程一体化等特征。

二、基于书与人共同心智的智慧图书馆知识服务模式

(一)个性化定制与推送服务模式

1.个性化定制服务

个性化定制服务模式是一种专门为满足个体的知识需求而设计的一种全新的服务方法,该方法是为了解决和满足用户日益增长的个性化需求而诞生的。来到图书馆寻求知识的用户是一个庞大的用户群,且类型复杂,他们由于职业等的不同所需求的服务也五花八门,其自身的信息获取能力也是各有不同,要想满足这些用户的各种需求,就要掌握这些用户的知识需求心理

并做出全面客观的解析，然后根据用户的要求来整理和归纳资源，并通过对这些资源的再组织和深度挖掘，最后呈现给用户的是其所需的、个性化的知识精品，并且营造一个良好的个性化知识环境。具体来讲，一是要根据不同用户的不同知识需求提供个性化、专业化和特色化的知识导航；二是根据不同的用户建立个性化的用户界面，为用户推荐集成化的知识资源；三是积极设立用户定制服务，用户可以定制其所感兴趣的知识资源，图书馆定期自动地将用户所需资源通过个性化的定制服务传达给用户。以上这三种方法都可以通过短信提示、电子邮件、微信平台等方式来完成。此外，个人定制服务要时常跟踪，定期向用户进行资料更新，咨询用户的使用情况，调查用户的检索内容并总结出适合用户的检索过程，逐步建立起属于用户自己的知识系统，直到解决问题的全过程。个人定制服务的出现将会大大提高智慧图书馆知识服务的质量，提高效率，节省读者时间。

2. 个人推送服务

个人推送服务模式是指智慧图书馆为用户提供账号，通过这个账号用户向图书馆提供自己所需要的资源范围、需要资源的时间、检索词汇或检索方法等，智慧图书馆会根据用户所界定的要求，在规定的时间内将用户所需资源推送给用户。信息推送是利用数字技术，将所需传送的资源利用多地址发送的方式，传递到用户手中。目前信息推送服务有很多种，例如利用电子邮箱或微信平台，但这两种方法都需要馆员的人工服务。还有利用智能软件来完成推送，过程是用户先使用软件将要求输入进去，系统接受到指令时会由系统或人工按照用户指定的方式进行检索，检索成功后，再把资源传递给用户。

（二）自助性服务模式

自助服务模式是建立在智慧图书馆已经拥有健全的知识服务系统和用户较高的实际操作能力及较多的知识储备或内涵的基础之上的，该模式要求用户的指令直截了当并且具体。用户通过智慧图书馆建立全新的专业化、智能化的导航库所提供的标准化服务和解决方案，自行检索和简单分析即可得到问题答案。自助性服务模式是图书馆依据以往的经验，将需求量大且技术含量较低的服务，依靠智能化技术让用户采用自助服务的方式独立解决自己的问题。随着数字技术、人工智能等高端技术的不断发展，建立拥有知识查找、重组能力的自助式智慧服务平台成为可能，用户可以通过智能手机、电脑或是其他数字设备来享受智慧图书馆所提供的自助性服务。

因为自助服务模式的双方交互活动是间接的，所以智慧图书馆作为服务提供方只能听取用户的反馈意见去进行服务的改造和升级，并要源源不断地向智慧服务平台注入新鲜的知识咨询，这样才能保证自助服务的质量，满足用户的各种个性化需求。

三、基于人与人共同心智的智慧图书馆知识服务模式

（一）智慧化参考咨询服务模式

参考咨询服务是众多图书馆服务中不可或缺的一部分。时至今日，参考咨询服务依然活跃在各个国家和地区中，这足以说明其在知识服务中的地位。它是基于问答方式的一种方便用户的服务，用户向图书馆提出问题，图书馆就会让馆员或专家通过各种方式和手段解决用户的问题。随着数字技术的迅猛发展，参考咨询服务正渐渐地向数字化方向发展。

智慧化参考咨询是以数字化、智能化为基础，运用智能技术将参考咨询提升到一个全新的高度。智慧化参考咨询服务模式是智慧图书馆知识服务中的一个不可或缺的基本服务方式。基于之前图书馆参考咨询服务的经验，智慧化参考咨询服务可以分为以下几种。

1. 实时资讯

实时资讯是最直接也是最高效的参考咨询服务，在智慧图书馆中，图书馆应该专门建立一个专门的参考咨询服务平台，用户可以通过平台提出问题或者是点名选取想要的图书馆员来为之进行服务，当服务平台接收到用户的请求时，应快速的传递给馆员，馆员根据用户的要求来指定人员为用户提供实时交互的参考咨询服务。实时资讯的方式很多，如微信、QQ、网络聊天室等，这种服务方式的特点是针对性强，能快速高效的帮助用户解决问题。

2. 异步式参考咨询

异步式参考咨询是指用户和馆员或专家之间没有形成实时的互动，互动是非即时的，智慧图书馆环境下，图书馆所建立的参考咨询服务平台应该将以往所提供的服务的答案和解决问题的步骤全部收录并整合到一起，另外图书馆还需提供一种类似搜索引擎的系统，当馆员和专家不能提供实时参考咨询服务时，用户仍然可以将自己的问题输入到该系统中，系统会根据用户

的问题,通过智能的筛选,将之前类似该问题的回答罗列给用户,并将完成该回答的馆员或专家的联系方式留给用户(出于对用户隐私的考虑应将提问者的信息隐去),这种方式会对用户有一定的帮助。如果仍然没有解决用户的问题,用户可以根据自己的实际情况选择老式的异步式参考咨询服务,如通过邮件、BBS等将问题提交给图书馆或者联系之前回答问题的馆员或专家。这种全新的异步式参考咨询虽然仍存在用户与咨询人员缺乏实时的交流,从而导致咨询结果不能得到及时反馈的缺点,但是通过这种不受时间、空间限制的新型异步式参考咨询,还是能在一定程度上解决用户的问题,既节省了用户的时间还节省了图书馆的人力资源。

3. 联合式参考咨询

联合式参考咨询服务就是运用智慧图书馆能将多馆和多馆的资源连接到一起的优势,将图书馆的人力资源、文献资源等整合在一起,共同为用户提供高效的服务。当用户来到图书馆寻求参考咨询服务时,如果该图书馆不能完成用户的提问,那么可以将问题转交到其他图书馆,让能解答该问题的其他图书馆帮助完成用户提问。

4. 层次化参考咨询服务

层次化参考咨询服务模式是以人力资源和信息资源的纵向分类为特点而展开的,以满足用户个性化、深层次信息需求为导向的一种服务方式,其主要特点是细分咨询体系,建立层次结构,深化和拓展咨询服务内容。图书馆将收集到的咨询问题按难易程度、利用方式、专业类型等标准划分成若干层次分别给予解答,从而提高参考咨询服务的质量。

(二)学科馆员服务模式

在智慧图书馆环境下,我们要重新定位学科馆员。学科馆员在某种领域上较其他普通馆员拥有独到的见解,并具有将该领域的知识进行重组、提供专业化服务的能力,同时学科馆员还应具有一个图书馆员所必须拥有的全部图书馆学基础知识和技能。虽然学科馆员与一般的图书馆员相比,领域知识比较扎实,但是不能因此就把学科馆员的专业水平与该专业领域内的科研人员进行比较,学科馆员的专业知识不可能达到与科研人员同样的深度。所以学科馆员的本质还是一个图书馆员,其服务的主要内容是将其所擅长的专业知识经过自身的理解、整理、归纳和重组,将自己对该知识的领悟或经验采用各种高效、便捷的方式主动地提供给用户。学科馆员与科研人员最大的区别就是：学科馆员只负责专业知识的搜集、整理、重组、挖掘和传递，而不是对专业知识的深层研究。因此，学科馆员应该是专业知识的检索者、整合者、分析者和监督者。

四、任何时间任何地点可用的智慧图书馆知识服务模式

（一）移动便携模式

近年来，智能技术在图书馆中的应用越来越明显，智慧图书馆完全有能力在移动端建立自己的服务平台为用户提供各式各样的知识服务，用户可以通过服务平台进行借还书、预定座位、申请参考咨询服务等。移动便携模式的发展潜力是巨大的，它使图书馆知识服务越来越便捷和人性化，用户完全可以摆脱时间和空间的限制随时随地的享受图书馆所提供的知识服务。在建立移动端服务平台的同时，还可以在微信上建立智慧图书馆公众服务平台，用户可以关注平台，而平台会定期推送用户感兴趣的内容，会把新的消息第一时间推送给用户。

（二）智能交互模式

智能交互模式是使各种各样的智能交互设备融入到用户的日常生活中，比如在公交站、地铁站设立专门的LED滚动信息屏或数字电视实时地传递社会新闻和最新资讯，还可以在公共场所单独设立一个小型的类似阅览室的地方供公众阅览知识和休息，等等。另外图书馆最好能设计出各种人性化的智能软件辅助用户获取知识，增强知识获取的准确性。通过智能软件的感知系统感知用户查询资源时的特点，心智的强弱，从而帮助用户找出最适合自己的知识获取方法。智能软件还应该利用其智能系统尽量保证操作的简洁性，让用户一目了然，使用时得心应手，将复杂的挖掘过程简单化，进行智能化的去重和重组，优选出最好的知识精品供用户使用。

第四节 智慧图书馆知识服务新思路

一、智慧图书馆知识服务的新思路——问答社区模式的启示

问答社区通过营造知识交流环境，促进用户角色翻转——在问答社区中，用户既是知识的消费者，也是知识的生产者。从技术载体看，问答社区是依托网络技术搭建无物理边界的意见沟通平台,允许用户基于自身需求与能力提出问题、解答问题;就运营过程而言,问答社区通过汇聚用户经验、知识与智慧,构建具有社区媒体属性的知识库。用户可以凭借语义关联与聚类检索等手段深度挖掘具有衍生性、共享性与非消耗性特质的目标知识,实现用户在问答虚拟社区的深度互动,形成以"问""答"价值链为主导的知识服务场域。由此可见问答社区模式既强调共建共享的参与意识和深度交互的知识生态构建,又重视个性精准的服务内容。

(一)共建共享的参与意识

问答社区的主旨是"Wiki精神",即通过"众人问,众人答"的开放协作式管理模式,从不同学科、不同角度、不同侧重点来多维度回复问题。

(二)深度交互的知识生态构建

问答社区模式高度重视运用新媒体技术来保障问题推荐与知识共享的质量,致力于通过线上线下深度融合和用户深度交互,打造知识平台的良性循环生态。

(三)个性精准的服务内容

提供靶向定制服务内容是问答社区模式的突出优势,通过话题分类、提问原则、投票机制等引导用户参与评价,进而形成基于用户行为小数据的用户画像,为用户提供精准适配的个性化服务内容。近年来,问答社区模式以其社区化的知识创造主张和泛在化的信息分享理念受到智慧图书馆关注。智慧图书馆起初仅指智慧化的图书馆建筑,但随着人工智能、大数据、云计算、移动互联网等新技术的勃兴,智慧图书馆的内涵与外延逐渐从侧重运营管理的"硬智慧"转向强调服务创新的"软智慧"。将问答社区模式应用到智慧图书馆知识服务中,既可促使用户缔结紧密的协作关系,形成知识分享社群,又可利用用户的隐性知识,通过投票机制、关注机制、用户等级与声望机制促进隐性知识转化为个性化服务的生产力,持续满足智慧图书馆用户创造性体验的需求。

以问答社区"知识泛在共享、场景社交互动、智慧跨域交互"的运营方式创新知识服务实践,是智慧图书馆知识服务的一种新思路,可拓展知识服务的职能边界,为用户带来更好的知识获取与价值外溢体验。

二、问答社区模式在智慧图书馆知识服务中的应用架构

将问答社区模式的核心机制运用到智慧图书馆知识服务实践中，可集聚用户群体对知识服务价值认同的"向心力"，为智慧图书馆营造涵盖流量、粉丝与经济的知识服务生态圈。

（一）泛在参与单元

作为问答社区共建共享参与意识之映射，泛在参与单元是智慧图书馆与用户深度交互，激发用户参与知识服务热情的重要模块。泛在参与单元的两个核心实践方向是构建社交网络聚合通路和搭建意见领袖培养渠道。其中，社交网络聚合通路是促进用户与智慧图书馆形成共建共享知识社区的关键支撑，意见领袖培养渠道是促进用户知识贡献的重要保障。

（二）深度嵌入单元

作为问答社区深度交互的知识生态之映射，深度嵌入单元对智慧图书馆提供个性精准的服务内容具有重要作用。深度嵌入单元的实践进路在于形成多触点动态感知网络与全媒体平台服务网络。多触点动态感知网络可通过多重向度的优质内容、主题和平台，有效激活用户交互式知识咨询兴趣，并形成系统性互动回路。全媒体平台服务网络能够凭借新媒体技术形成全民参与知识服务的生态系统，从而提高智慧图书馆知识服务的精度与效率。

（三）个性服务单元

作为问答社区个性精准的服务内容之映射，个性服务单元通过提供集成化咨询服务与问答分享服务，提升智慧图书馆用户知识服务的精准度。集成化咨询服务，即通过促进知识导航、虚拟参考咨询和智能搜索引擎等服务的高度集成，确保为用户的各类复杂问题提供个性化、定制化的知识解决方案。问答分享服务，即通过提供融合场景识别技术与资源推荐技术形成分众式兴趣聚类社区，以有效满足互联网时代用户内生性偏好需求。在这两个组成单元的协同作用下，智慧图书馆可为用户提供既符合需求预期，又可跟踪用户体验的知识服务。

三、问答社区模式在智慧图书馆知识服务中的应用路径

（一）泛在参与——基于信息社区的联合式知识服务

图书馆常见的知识服务模式是"用户提问→馆员解答→用户反馈"。该模式虽然可确保知识服务的专业性，但由于学科馆员和咨询馆员的专业知

识和时间精力有限,难以提供"一对多"或"多对多"的知识服务。此外,当前图书馆知识服务普遍存在"智"而不"慧"的问题:一方面,信息彼此孤立的咨询方式难以满足用户跨学科、多领域的知识服务需求;另一方面,由于不注重与用户的深度交互,产生大量重复知识咨询与服务负载问题。应用问答社区模式"Wiki精神"构建用户泛在参与的信息社区,提供联合式知识服务,可有效解决图书馆知识服务人力资源瓶颈与精准性不足的问题。

一方面,依托社交网络聚合用户智力资源,让用户成为服务主体。问答社区模式正是凭借庞大的社交网络赢得用户参与流量,形成开放存取的知识共享生态圈。智慧图书馆可利用嵌入的新媒体技术优势培育发展优质用户,使其成为兼职咨询馆员(服务主体)。如可尝试引入用户双向关注机制,构建"用户—信息"知识贡献结构,关注者与被关注者通过社交关系网络可实现话题间的信息交互,进而模糊服务方与用户间的界限,形成面向信息关联拓扑的用户可持续知识贡献服务体系。另一方面,培育意见领袖,放大精英用户在智慧图书馆知识服务中的马太效应。问答社交平台的成功经验表明,将精英用户资源转化为知识服务生产力,以"自生成+自质量控制"的用户管理机制,增强精英用户的路径依赖,是提高问答服务效能的关键条件。智慧图书馆应充分调动图书馆精英用户参与数据库建设、资源等级分析与知识标签聚类的积极性,使其成为联合服务的核心主体,高度重视精英用户之于知识服务的战略先导作用,培育一大批信息社区意见领袖,进而提升图书馆知识服务的满意度。

(二)深度嵌入——基于大数据的交互式知识服务

网络问答社区的出现对智慧图书馆传统知识服务产生了显著的"替代效应"——以百度知道、知乎、搜搜问问、天涯问答为代表的服务媒介对用户产生了强大的虹吸作用,加之智慧图书馆现行的知识服务忽略了全媒体推广平台建设的重要性,导致图书馆知识服务难以有效对接用户全周期知识需求,仅能解答用户当下的咨询问题,无法对用户服务满意度及其他潜在的衍生性问题进行跟踪分析。因此,提供基于大数据的交互式知识服务势在必行。

1.打造深度嵌入用户知识需求全周期的服务系统

以当前全球最具影响力的问答社区平台Quora为例,正是由于其依托各类智慧推广服务载体,智能识别用户权变的知识服务需求,显著增强了平台知识服务的人性化程度。Quora 不仅设置了 Twitter、Facebook 等社交账号分享链接，让平台上的优质内容可以传递至第三方社交媒体中的海量用户，还通过电子书、机构账号、Quoralive 等自媒体平台为用户提供兼具情景特征与权变特征的系统性知识解决方案。借鉴问答社区的实践经验，智慧图书馆可从两方面着手打造深度嵌入用户知识需求全周期的服务系统。一是依托多触点动态感知网络，打造智慧图书馆用户知识服务前端接口，即：从被动接受用户咨询转向主动预测用户需求，并以超链接、自媒体推送等形式，持续提供满足用户知识需求的资源。二是依托全媒体服务网络，构建智慧图书馆用户全周期知识服务平台，如利用微信、微博等自媒体，创建智慧图书馆知识分享虚拟社区，用户可以参与知识咨询的全过程，智慧图书馆也可以对用户的集体智慧进行聚类整序处理，持续完善图书馆机构知识库。

2. 在提问者（用户）与回答者（用户及图书馆）之间形成交互式知识生态圈

智慧图书馆可利用 DeepQA（深度问答）技术持续生成高质量的用户原创内容，并通过放大精英用户知识服务的"晕轮效应"，持续增强知识咨询的穿透力。DeepQA 技术是一类基于大数据的大规模并行计算架构，能够实现问题分析阶段的关键词聚类与检测、备选答案生成阶段的置信评估、最终答案的整序处理。智慧图书馆若能以该技术为基础，在知识服务主体与客体之间形成交互式知识生态圈，就能提供嵌入用户知识咨询全周期的增值服务，还能把用户资源转化为知识服务的生产力。需要注意的是，基于问答社交理念的大数据渗透式知识服务模式对智慧图书馆的信息组织能力提出了更高要求，即不仅要以"类目组织详尽""分类科学合理"的机构知识库作为支撑，还要在馆员与用户间构建深度交互的管理机制，以保证用户参与度与知识服务质量，保护答案产权，全面激发交互式知识服务效能。

（三）个性服务——基于解决方案的知识服务。

网络问答社区的个性化知识服务实践为创新智慧图书馆知识服务提供了新的思路。智慧图书馆可通过对用户行为进行数据挖掘，以提高知识服务的靶向性；还可通过提供基于搜索引擎的问答分享服务，以增强知识服务的交互性，进而构建一站式集成知识服务平台，为用户提供系统性的问题解决方案。

1. 将用户行为数据作为知识服务的基础性依据

智慧图书馆可借鉴问答社区模式中的"主动推送""服务询问"等做法，实现推荐资源与用户动态信息需求间的情景化适配。如：与第三方媒体合作，在图书馆自媒体平台上设置"用户咨询行为分析"模块，将用户在第三方媒体上的下载历史、搜索痕迹、在线评价等能够体现用户使用偏好的非结构化数据录入云端仓储，并进行加工、整理、评价、排序，从而精准地向用户推送符合其需求预期的目标资源。

2. 提供基于搜索引擎的问答分享服务

智慧图书馆知识服务绝非以图书馆为唯一主体的独角戏，而是打造具有信息联动效应的问答分享服务，以促进用户咨询信息的自由流动。如打造促进用户即时获取咨询信息并进行扩散的搜索引擎，把用户回答的问题作为搜索结果直接提供给其他用户，使用户的隐性知识转化为显性知识，在用户与搜索引擎的相互作用下，实现问答分享服务的社区化，进而形成集聚图书馆资源与用户智慧的联合知识服务网络。

3. 搭建一站式集成知识服务平台

问答社交模式的本质是促进用户个性化问答实时交互的智能化知识服务。基于这一实践理念，智慧图书馆可面向功能质量、可用性质量和用户互动质量，构建一站式集成知识服务平台，提供更主动的定制化知识服务。如：中国国家数字图书馆集知识导航、虚拟参考咨询、智能搜索引擎等服务于一体，极大地提高了用户知识信息的利用效率，并综合运用搜索引擎、集成检索、RSS聚合等技术跟踪用户需求，通过用户在线问答资源、馆藏知识库、咨询馆员三者间的高效协同，优化了用户知识获取体验。

第五节 基于 P2P 的图书馆知识服务模式

一、基于 P2P 的图书馆知识服务需求

（一）P2P 环境下用户知识需求现状分析

知识服务是根据用户的问题和所处的环境，融入用户解决问题的过程中，通过与用户的积极互动，进行对知识的跟踪、查询、分析、整合、创新，以为用户解决具体实际的问题为目标，实现知识服务在问题解决中的价值。

在 P2P 环境下，用户的知识需求心理、需求内容以及需求满足的行为方式都发生了变化。

1. 用户知识需求的心理分析

用户知识需求是知识服务的基础。知识服务是以用户的实际需求为中心，是对知识进行有意识、有目的地感知、理解、吸收、创新的过程。我们可以把用户知识需求心理的分析分为知识认知、服务评价、隐私防范三方面进行。

（1）用户的知识认知心理

人们最开始接受一个事物的时候都是通过自身的感知完成，通过感知得到和懂得各类知识和信息。感知是了解一切事物的基础，是接收信息的第一步，更是所有心理活动的源头。认知科学建议把所有认知过程进行整合并深度剖析，借此熟知人类的认知流程、思维形式、感官记忆等是怎样有机结合在一起的。

认知心理学分析，当用户来到图书馆时最先观察到的总是对自己有用的信息。这就是信息感知的选择性，能影响到用户这种选择的要素有两点，首先是用户本身认知能力的强弱，信息储备的丰富程度和信息素养的高低。其次是信息资源存在的状态，这也就意味着，与用户认知能力及知识结构相匹配的知识和信息更容易受到用户的关注。此外，在内涵和价值上更丰富的信息也同样容易引起用户的重视，比如信息的载体形式，鲜明的宣传语，不断播放同一广告，等等。

（2）用户的服务评价心理

当图书馆提供知识服务时，由于不同用户的知识结构不同，加上其性格、教育背景、人生经验等也具有较大差别，因此对服务结果的领悟和评价也具有层次上的出入。用户对图书馆知识服务是否满意是根据图书馆环境、服务态度、知识的更新速度、获得知识的高效性等多方面来进行评价的，借此来评价知识服务质量的好坏，从而对图书馆和图书馆服务人员做出评价。

为了迎合用户的知识服务评价需求，图书馆须让用户方便、快捷地找到其所需的资源并且提升资源利用率，提高用户个体知识空间的管理，通过接收用户的反馈意见来寻找图书馆的不足，同时研究解决之道，以便增强其知识服务的水平。

（3）用户的隐私防范心理

随着网络技术高速发展，网络已经融入到人们的日常生活中。在P2P环境下，用户大部分情况下都会通过网络寻找自己所需的信息和知识，但是当两个对等体使用P2P网络进行资源共享时，难免会造成个人信息泄露、个人隐私被侵犯等问题，这会使得一部分用户对P2P网络产生不信任，进而不再使用它。这就需要优化现有的P2P网络环境，让用户可以进行有选择的共享。

在P2P环境下，图书馆也可以作为对等体进行资源共享，当用户连接到图书馆与之交互时，用户的个人信息势必会传递给图书馆，图书馆要健全自身的网络，防止恶意攻击，开发智能软件来保护用户信息，防止用户的信息和隐私泄露，确保用户信息未经授权保证不会被第三方使用，以此来赢得用户的认可。

此外，还可以优化现有的P2P网络，让用户可以进行有选择的共享，这样用户的私密信息就永远不会被"泄露"出去。

2.用户知识需求的行为分析

掌握用户知识需求的行为是为了更深层次的了解用户知识需求的内在机理，当图书馆试图建立某种知识服务模式时，首先必须了解用户的知识需求行为方式。现今，用户在知识需求行为上都表现出以下几方面特点：

（1）马太效应和罗宾汉效应

马太效应是指当一个用户的知识储备达到一定高度的时候，他就会寻求更多的知识来充实自己，反之当一个用户知识储备比较匮乏时，他也不会主动去追求知识。罗宾汉效应指的是用户在一般情况下知识的需求量都是比较平均的。

（2）最省力原则

用户来图书馆寻求知识的目的通常是希望通过获取更多的知识来武装自己；是为了解决日常生活中的问题。用户来到图书馆获取自己所需知识时，总是期盼能利用最短的时间，最小的工作量来完成知识的获取。换言之就是希望知识服务能够拥有方便、快捷、高效等特性。

（3）小世界模型

在人群中随意挑选两个人，这两个人认识对方的几率有多少，如果不认识，让他们从陌生到熟知的最短链条是多长？1967年，美国心理学家斯坦利·米尔格拉姆（Stanley Milgram）做了一个试验。他在城市中随机挑选了300多人为他发信，收信人只有一个并且来自另外一个城市，每个人必须独自发信，不得互相帮助。米尔格拉姆会向发信人提供收信人的详细信息，如果发信人不认识收信人，就要求发信人将信件邮寄给他们的朋友或家人，同时还要满足与收信人可能认识这一条件。这自然就形成了发信人的链条，链条上的所有成员都希望尽快找到收信人。最后试验结束时，经过统计，有60个链条将信件成功交到收信人手中，链条中平均步骤大约为6，这就是著名的六度分隔理论。用户通过P2P网络寻找所需知识是对六度分隔理论最好的诠释，当对等体在P2P网络中寻找知识资源时，最多需要6个人的帮助就可以解决问题。

3. 用户知识需求的内容及方式分析

用户来到图书馆的目的各不相同。即便是相同领域的用户也在心智、知识需求等方面存在些许差别。随着社会的发展，用户的知识需求逐渐趋于多样化、个性化。图书馆现在所提倡的个性化服务模式也是为了跟上社会发展的脚步。在P2P环境下，用户对于知识的内容、形式、获取途径有以下特征：

（1）知识精确易懂

用户来到图书馆的最核心目的是获取自己所需的知识从而解决自己的疑惑，形成对自己决策的支持。如果用户在图书馆获取的知识对自身是有益的，那么就会得到用户的认可，如果说获得的知识毫无用处并且让自身更困惑，用户就会不再接触该知识。用户获取知识的流程一般是：在自己所熟知的数据库中查询，如果没有搜索到的话会求助于其他人（家人、朋友、老师）或图书馆、信息资源中心。也就是说，用户希望便捷地获取所需的准确知识。

（2）载体形式数字化

知识经济的迅猛发展，数字技术的巧妙运用，使得数字资源数量逐渐增加，甚至有取代传统纸质资源的势头。数字化的载体形式已经成为用户的最佳选择之一。

（3）方式多样化

随着社会的进步，网络设备的不断更新，用户希望利用高速快捷的工具获取他们所需的知识，既保证查全率，又保证查准率。随着移动端和无线网络的迅速扩张，用户除了使用计算机查询信息外，还倾向于依赖移动终端和无线网络上网来接收知识。现今，许多图书馆都通过数字技术建立了大量的数据库，将知识都汇聚到了一起，实现了知识的共享，同时还开发了许多移动终端服务，建立了移动端的服务平台，用户可以通过智能手机、平板电脑等徜徉于图书馆为其准备的知识海洋。

（二）基于P2P的图书馆知识服务的需求分析

1. 图书馆知识存量增加的要求

知识越来越被人们所重视，关于知识经济的话题也在越来越多的被人们讨论，在这个环境下，社会对知识的渴望和需求也在迅速增高，图书馆作为知识的集散地，其知识需求量不容小觑。当今社会，图书馆之间在组织结构、服务系统、服务质量等方面的差异都不大，除了图书馆所处地区的经济实力、图书馆的规模、图书馆的成本等因素之外，知识服务才是隐藏在资源背后，决定图书馆生存及发展的核心竞争力。

图书馆的知识服务主要来自馆员自身知识的储备量，而一个人知识储备的多少往往取决于自身的智力、创新能力以及其他综合能力，其中自身综合能力的提高离不开隐性知识的支持，所以隐性知识应该被高度的重视，一个图书馆知识服务质量的好坏完全可以用隐性知识的挖掘和利用率来衡量。

2. 图书馆用户的知识化需求

现今，为了适应社会发展的速度，无论是用户对知识的需求，还是图书馆员自身的知识结构较以前都有着很大的变化。在知识经济时代，社会对知识的渴望越来越强，每个人都在不停地学习新的知识借此来强化自己，增加自己的知识储备，完善自己的知识结构。在图书馆中，馆员为用户提供知识服务的同时也要加强自身知识的储备，通过得天独厚的优势，阅读大量文献，将显性知识转化为自己的隐性知识，再将隐性知识外化出来，不断强化自己，这样才能满足用户日益增长的个性化需求；同时，来到图书馆的用户类型繁多，用户的年龄、性格、知识储备、擅长的领域等都各不相同，这就需要图书馆分析用户的需求，为用户提供最恰当的知识服务。此外，图书馆应该摒弃传统的服务方式，被动变主动，主动的与用户进行沟通和交互，彼此吸收对方的隐性知识，实现双赢，从而提高知识服务的质量。

3.图书馆知识服务的创新要求

纵观整个历史,创新一直都是被人们所关注的,知识的创新也不例外。所有企业和机构都在求新求变,图书馆为了适应社会的发展也势必改变其服务方式,力图创新和改革。随着知识经济的出现,知识创新成为了人们关注的焦点,图书馆知识服务的发展,也从以往的"重藏轻用"变成了以人文本,注重用户体验的服务理念,现在的用户不再关注馆藏资源是否丰富,因为资源再丰富,用户能用到的也只有冰山一角,用户现在关注的更多的是知识服务的质量和能否为自己解决问题。知识经济所追求的就是知识创新,这取决于知识的传递与应用,凸显了隐性知识的重要性。在互联网时代,图书馆必须改变原有的服务方式,树立创新意识和以人文本的服务理念,以解决用户的问题为目标,不断开拓馆员的创新能力,让馆员不断充实自己的知识,同时改变"各自为政"的思想,彼此多交流,刺激隐性知识的挖掘,对知识进行重组和再造,以期为用户提供高品质的知识服务。

二、基于 P2P 的图书馆知识服务的内容分析

建立以 P2P 网络技术为基础的图书馆知识服务模式,将 P2P 技术与生俱来的优势融入到图书馆资源共享、协同、整合中,令图书馆知识服务的质量大幅提高,这是图书馆为了适应知识经济发展所要走的必经之路。将 P2P 网络技术应用到图书馆的知识服务中,重视知识的整合、挖掘和创新,提高知识储备,让知识服务质量更高效便捷;与此同时,P2P 这项逐渐趋于成熟的网络技术所蕴藏的经历、经验等可以帮助图书馆为用户解决实际问题,为用户的决策支持保驾护航。

(一)基于 P2P 的图书馆知识服务的拓扑结构

采用混合(半分布)式 P2P 结构来构建图书馆知识服务模式:一方面,混合式 P2P 结构会采用超级节点为用户呈现其所拥有的资源目录;另一方面又可以利用 P2P 技术来开拓协同应用领域,实现知识共享。网络用户是以超级图书馆节点为依托,利用 P2P 软件来沟通、共享和学习。以这种方式构建的知识服务将 P2P 软件和终端的优点发挥到了极致,借此实现了图书馆知识服务协作的进一步开展。

在这种拓扑结构下,P2P 网络中,图书馆相对于用户来说,其资源的存储量,提供服务的效率和负荷量等方面都具备了其作为超级节点的条件,用

户则通过其知识需求选择其所属的图书馆。图书馆主要负责知识组织与知识管理工作，而其工作的前提是对各等体用户之间相互提供共享资源和服务。图书馆应有意强化各用户树立知识共享的思想，这代表着用户认知层面上的转变和提升，从根本上推动知识挖掘的实施。用户的大量资源索引得到共享，图书馆依托先进的知识组织技术，使所有的知识索引序化，形成集中式目录形式，方便用户查询和匹配，从而更好地为用户提供知识服务。多个图书馆节点之间则以纯分布式拓扑的形式构建。

（二）基于P2P的图书馆知识服务的内容传送

P2P的最大优势在于能够实现多个服务者向某一用户提供知识服务，此技术也是基于P2P的图书馆知识服务模式研究的核心部分。但在实现过程中，P2P网络中除了拓扑结构、内部路由外，内容传送也是一个关键问题。在P2P网络中，知识的传送要比传统的图书馆流通、文献传递要复杂得多，其最主要原因是传统的知识服务都由图书馆单独完成，只有一个知识来源点。而在P2P对等模式下，包括图书馆和用户在内的多个节点都可能共同拥有知识来源，服务时需要从多个节点获取知识。因此，必须采用一种机制使多个节点可以有序地进行服务，避免多个节点提供重复服务，给用户造成不必要的负担。

此外，在P2P模式下，内容的传送过程中不同节点的传送速率也是有变化的，并且某些节点可能会临时退出P2P网络，在传送过程中必须考虑到这些情况的处理，同时某些处理还必须结合P2P路由机制协同完成。P2P的内容传送技术有两种：非实时内容传送技术和实时内容传送技术。非实时内容传送不存在严格的时间限制，内容传送可以通过暂存重组的方式获得更高的传递效率。当内容传送机制接收到所有知识片段后在进行相关性由大到小重组后，反馈给用户。而实时内容传送的特点是每个节点都必须从靠近当前点附近的节点进行内容传送。从节点信息管理的角度看，节点的内容必须靠得很近，这样才能在短时间内检索到所能提供知识的节点。图书馆用户的知识需求一般有较强的目的性，采用实时内容传送的手段不但可以方便图书馆进行知识组织、检索等工作，而且会大大提高知识服务的效率。

三、基于 P2P 的图书馆知识服务模式的构建

（一）图书馆 P2P 服务原理

采用 P2P 网络技术构建的图书馆知识服务模式是一种资源分布利用与共享的网络体系架构。在这种网络模式下，减轻了服务器作为唯一的资源提供者的负担，每一个客户机都可以向其他客户机提供服务并与其他客户机共享资源，也可以利用分布在各客户机上的边缘性网络资源，这时他们就成为该网络系统中的 Peer（用户）。

P2P 网络共有四种架构模型，分别是中心式网络模型、分布式网络模型、混合式网络模型和结构化网络模型。图书馆 P2P 知识服务模式使用的是上述第三种——混合式结模型。

图书馆的 P2P 服务模型是以一个图书馆为超级节点，以用户为超级节点下属的普通节点的模型。此模型下，图书馆不但要对用户进行管理，还要向用户提供集中式目录。各个图书馆之间构成分布式结构，图书馆与其下属用户之间构成了集中目录式 P2P 结构。在以 P2P 对等网络为基础的图书馆服务模式下，每一个用户都需要将自己的资源共享出来，同时也能够利用其他用户提供的资源来解决自己的问题。在对等网络中，不但数字资源可以进行共享，传统的纸质文献或图书也同样可以进行对等交换。对等网络注重以用户身份提供的资源，当一个用户准备加入对等网络时，服务器会将该用户的登录信息记录下来，其他的用户会得到通知，同时该用户也会得到已经连在网络上的其他用户的名字索引，服务器仅仅是以一个类似中介性质的身份而存在，资源仍然保留在各个用户手中，用户之间进行连接和通信都不必经过服务器。

（二）基于 P2P 的图书馆知识服务模式构建

P2P 为图书馆知识服务的资源共享、查询及服务质量的改进等都贡献了新的思路。采用对等服务的理念，可以保证服务的实时性和深度。基于此，本文构建了一个由资源层、管理层、服务层、应用层组成的基于 P2P 的图书馆知识服务模式。该模式通过图书馆集中式目录表进行定位，同时采用了基于超级节点的拓扑结构，以提高 P2P 知识服务的效率。

1. 资源层

资源层作为知识服务平台的核心设施之一，处在整个平台的最下端，

分别由用户知识库、基本知识库和数字资源库组成,这些资源中既涵盖了各类经过整合或未经处理的数据,也涵盖了基于各种介质类型的显性知识和隐性知识,这些资源是开展知识创新和为用户提供高品质的知识服务的源泉。

2. 管理层

(1)节点管理模块

节点管理模块掌控着各个节点(对等体)的进入和离开诉求。当一个节点申请进入平台后,超级节点会依照某种规则判定这个节点是否拥有进入的权利,如果可以进入,超级节点会将该节点的资料记录到本地的地址中,方便日后的检索和查阅。当一个节点提出离开要求时,节点管理模块会将该节点的所有相关资料删除,同时通知P2P网络中与该节点有过接触的其他节点,以此来确保其拓扑的统一性。

(2)匹配管理模块

匹配管理模块的职责是寻找与被需求资源类似或相联的其他资源。在匹配管理模块的检索结构中,其主要的运行机制是将被需求资源的特征和类型下发到处在P2P网络中的其他节点中,并进行匹配,或者是将传递回来的新资源进行挖掘,对已有的资源进行整合或重组,创造出新的知识。在进行匹配管理时,需要注意以下几点:

①名称

当节点需要某种资源时,其检索方式基本上都是通过名称进行检索,所以名称是判断资源是否类似的重要标志。

②属性

资源也允许依照其属性进行匹配。实际上,资源的名称仅仅是从一个方面诠释资源彼此间的关联性。通过整合和归纳资源的属性结构可以较好的辅助资源的查询,弥补仅仅依靠名称判断的不足。资源的属性已经成为了匹配管理和资源归并的核心要素。

③关系

关系是资源的备用信息,能够为查询节点贡献一些额外的有利用价值的信息,并且能够加强资源的匹配等级。

(3)本体寻址模块

本体寻址模块的功能是检索的转发过程。当图书馆收到一个检索请求时，不管该请求是来自该图书馆下的用户还是来自另外一个图书馆，本体寻址模块都会先从提出检索请求的节点所在的图书馆进行搜索，如果未搜索到，它会将请求转发给其他超级节点的集中式目录模块，当获得了资源节点地址后，它会将请求经过P2P路由模块通知给拥有该资源的节点。否则，它会将请求转发给广播查询模块，该请求就会发送给其余所有的节点。

3. 服务层

（1）共享资源管理模块

共享资源管理模块是指本地所拥有的资源，其中涵盖了其本身就拥有的资源和各节点检索下载的资源。由于各节点不断提升的自己的个性化需求，本地资源也会随着节点的需求进行实时的更新、剔除。

（2）集中式目录模块

集中式目录模块是进行知识服务的中心模块，它记录着全网所有用户的信息和资源索引信息。该模块运用图书馆知识组织技术对用户提供的资源进行基于RDF的元数据集中目录的构建，同时应用P2P的实时内容传送技术对各节点进行排序，确定节点之间的邻居关系，并依照服务情况随时更新序号。

（3）查询处理模块

查询处理模块的功能是对检索请求进行反馈，并对返回结果进行归纳与整理。当节点间收到检索请求时，查询处理模块会对检索内容分析并加工，最后得到检索内容的名称、属性和关系等。然后利用匹配管理模块按照相应的方法、手段进行匹配，其中，匹配方法、手段既可以通过检索请求节点设置，也可以由提供结果节点设置。在前者中，匹配方法和手段在还没提出请求时就已由提问者构思和设置好了。在后者中，匹配方法和手段是在返回结果的过程中设置的。一旦一个名称、属性或关系与请求相匹配，查询处理模块就会将结果返还，请求节点会根据自己的情况得到适合匹配自己要求的资源。

（4）广播查询模块

广播查询模块的功能是在各大超级节点无法满足用户的检索需求时，在P2P网络中利用广播技术进行检索，确保每个用户的需求都能得以满足。当广播查询模块收到一条检索请求时，广播检索模块就会将该请求转发给其余所有节点。

4. 应用层

（1）知识检索

在对知识进行挖掘、发现并整合后，图书馆建立了各式各样的知识库以供用户使用，例如学科知识库、知识导航库、特色文献知识库等。知识库中包含用户所需要的所有知识，是拥有创新价值、特色价值的知识精品。这些知识为用户的日常学习、科研、决策等提供强有力的支撑。在 P2P 知识服务模式下的知识检索，不但扩大了知识检索的范围，提高了用户知识库的应用价值，而且它以资源的名称、概念、属性和关系为出发点，可以挖掘资源中存在的潜在知识，而不仅仅局限于字面的机械匹配。与此同时，该知识检索可以把每个知识库里的知识元进行动态连接，彼此形成互联关系并构建出知识元数据库，以此来建立资源更加丰富的知识网络。

（2）个性化知识推送

个性化知识推送服务是指图书馆将某一用户的所有需求整合到一起，经过智能的处理和归纳，推断用户的直接和潜在需求，向用户推荐适合自己的知识，同时利用特殊的软件对整个服务的全过程进行跟踪，直到完美解决用户的问题为止，这种服务涵盖了个性化推送和定制服务。个性化知识推送服务的方式基本上都遵循互动互利的原则，即采用各种智能技术，分析用户的诉求并与用户进行实时的交互，为用户提供知识精品，并依照用户反馈的信息做出适当的改善，以期为用户提供高品质的知识服务。在 P2P 环境中，个性化知识推送可由各节点间自由进行，这不但节省了图书馆的工作量还提高了用户间的交互。

（3）数字参考咨询

数字参考咨询服务是指图书馆依照用户的请求，对知识进行全方位的检索、归纳、挖掘、整合，最后完成知识重组和知识创新，为用户解决问题。数字参考咨询服务基本上有以下几种方式：实时交互参考咨询、学科馆员参考咨询、异步式参考咨询等，这些形式的咨询可以随时以自由无约束的方式开展，让用户无论身在何处都能体验到图书馆高质量的知识服务。

（4）知识管理

在知识服务过程中，当知识不断被发现和挖掘并积累到一定数量后，就会形成知识库，这些知识需要通过有效的方式和手段进行管理和保存，这样才能更好的为用户所用。发现、挖掘知识是一个极其复杂的过程，需要数据挖掘模型库和其他复杂工具的相互配合，多次进行重复操作，不断的进行更新和剔除，最后才能建立起高品质的知识库。运用 P2P 内容传送技术，图书馆员可以对知识进行整理与归纳，找出知识之间存在的关系，从而使知识库的资源能够实时更新，不断扩充。

（5）知识交流

知识的交互、交流就是传递和吸取知识的过程，它可以提高隐性知识的挖掘效率，使之显性化。运用知识交流服务，用户可以加强自己的知识储备，提高自身的知识素养。同时，在 P2P 网络下，节点间彼此交流的知识可以完全的被图书馆所吸纳，提高隐性知识的开发使图书馆能够建立领域最全、资源最细致的知识库。

第三章 图书情报应用科学

第一节 文献信息的组织与存储

标准信息是基础性信息，在社会建设中将起到经济调节的作用。在现代社会，由于生产过程高度现代化、综合化，一项产品的生产或一项工程的施工，往往涉及到几十个行业、成千上万个企业和各门科学技术，它的联系网络遍及全国。生产组织、经营管理、技术协作关系，千头万绪、错综复杂。在这种形势下，标准化工作靠制定单个的标准已经远远不够了。它要求标准化摆脱传统的方式，不仅要从系统的观点处理问题，并且要建立同技术水平和生产发展规模相适应的标准系统。这个标准系统还要跟产品系统、生产系统以及整个国家的经济管理系统相协调。

故此，未来的标准化服务系统不仅要求提供人机接口，方便用户准确地查询到所要的标准；还要提供系统服务接口，使其他系统能读取、理解，综合其他信息资源运用现代化算法进行处理，以生成供生产、营销、管理等环节的有用信息。

一、标准信息存储模式

标准有其固有的特点，一般来说，标准系统的结构形式包括阶层秩序（层次级别的关系）、时间序列（标准的寿命时间方面的关系）、数量比例（具有不同功能的标准之间的构成比例）和各要素之间的关系（主要是标准之间相互适应，相互协调的关系，以及它们之间的合理组合）。

因此，所设计的标准数据库宜包括标准题录库和标准全文库，标准题录库主要反映的是标准之间的彼此相关性和一些题录信息，而标准全文库应能被计算机所识别和遍历，支持针对全文的特定部分（如规范性技术要素部分）进行文字、图表、公式等检索和智能化处理，使系统访问人员能及时、快速定位、更准确地查询到所需的信息。

（1）题录数据库反映标准之间的层次级别关系、时间序列、数量关系和一些题录信息。

（2）标准全文数据库包括元数据和要素内容数据的存储，元数据反映标准全文的框架结构，要素内容数据则保存框架结构中各元素的存储内容。

二、标准全文数据库

标准全文数据库由元数据库和要素内容数据库组成。

（一）元数据

元数据库描述的是标准全文的结构，是全文的概貌，结合要素内容数据库，能保存整篇标准全文，在设计元数据库时要注意两点。

（1）研究篇章布局、内容结构元素时，要确保范围全面。

（2）确定标准文献的各结构元素，制定标准文档结构的元数据标准。

（二）要素内容数据

"标准内容结构"有其规范性，一般来说，整篇文章是由要素和要素所允许的内容组成的，要素类型分别为资料性概述要素、规范性一般要素、规范性技术要素、资料性补充要素、规范性技术要素、资料性补充要素。内容一般是文字、图、表、公式、注、脚注等。

三、应用

标准信息服务系统是基于标准文献信息存储模式而开发的系统。

标准信息服务系统主要由三部分组成：标准信息采集、标准信息存储和标准信息发布。

标准信息采集：目前，主要关注的是纸介文件和电子文档如何录入进库里。

标准信息存储：标准文献里面含有文字、图片、图表、公式等信息，向各类应用提供标准信息，且要求支持各种文件格式进行浏览。故此，可以采用元数据库、要素内容数据库和题录数据库进行存储标准信息，待查看时自动生成各种文件格式的全文，以满足各种数据规范要求。

标准信息发布：架构标准信息的发布平台，准确、及时或触发式地向各类用户提供标准信息。该架构中还提供应用程序接口和授权管理，使各个系统能通过程序接口访问标准数据库。

新式的标准信息存储模式，不但满足了传统的标准信息检索要求，而且提供了标准资源的框架，其他的各类系统可以通过服务接口直接访问。此外，其他系统还可以结合本地信息资源，根据一定的智能化算法，自动形成有利于指导或管理某个领域发展的信息。

四、多媒体文献存储

从多媒体数据的基本特点出发，探讨适合多媒体数据存储和组织的一种文献存储结构，引入面向对象的对象链接和嵌入 OLE 和二进制大对象 BLOBs 思想集成各种类型和未定义的媒体数据对象，采用宏文献的网络分布结构，构造具有以文献为中心的信息系统模式的多媒体文献。

（一）多媒体文献的存储和组织结构

1.多媒体文献的结构组成

多媒体数据的存储以文献（Document，又称为文档）形式来组织。在多媒体文献中将无缝地集成各种数据对象或组件，如多媒体类型的视频、音频、图像、声音，以及格式类型的数据库表、元组，甚至是可执行的宏、小应用组件等。

多媒体文献的主体数据文件记录的是节点和链对象，对应于超文本参考模型 Dexter 的存储层。节点描述多媒体数据对象，链描述多媒体数据对象之间的导航和时空关系。格式化数据表示格式化的电子表格、关系型数据库中的表和元组对象等。非格式化数据即为多媒体数据。

多媒体文献中包含丰富的数据类型，操纵它的应用程序可能将是一个复杂庞大的系统，因为对每一种数据类型都需要相应的代码和应用程序来处理。过去以应用程序为中心的处理观点已不能适应多媒体应用发展的需要，以应用程序为中心使用户忙于调用和熟悉各种应用程序，因为完成某一任务的工具常常是单一的应用程序，因此操作复杂，不能集中注意力到工作中去。以文献（文档）为中心的处理利用对象的链接和嵌入，就地激活文献中具有上下文关系的数据处理应用程序，用户可以综合多种工具（组件）来完成特定的工作，即用户不用离开当前操纵的文献就可以及时处理文献中的各类多媒体数据，用户可以关注于他正处理的文献，从而提高生产效率。

2. 版本考虑

使存储的数据具有版本性是协作和设计等方面的应用所需要的。实现版本的存储一般采用以下方法：

（1）记录每一个设计对象的完整版本，用版本标识 <OID，VID> 来对某个版本进行存取。这种方法适合于格式化数据对象，然而对于多媒体数据来说，由于数据量大，设计过程中大量不重要的甚至无用的中间版本将占用太多的存储空间。

（2）保存一个完整的版本和对同一数据对象的不同版本的差，恢复时根据完整版本和相应的差值得到某个版本。

（3）利用面向对象方法中的类层次的概括关系，即继承性来减少记录各种版本所需的存储量。把数据对象版本当作一种版本对象，版本对象具有各种表示数据对象的完备属性，只要保留一个这样的完整版本对象，其他经修改的数据对象的版本可以从完整版本对象中选择继承部分属分来得到，从而节省了存储空间。

（4）版本链方法。在数据对象中记录版本链，当用户激发版本链时，系统根据条件来调用相应的（服务）组件显示不同版本的数据。

（二）宏文献结构

为了存储和组织管理数据量巨大的多媒体文献，以及充分利用分布的信息资源，这里引入了宏文献（MacroDocument），即对文献进行分层。宏文献是文献的文献，一个宏文献由多个子文献构成，子文献又可以由多个子-子文献构成。每个子文献可以分在网络节点上，通过宏文献的基本链和交叉索引链联系。宏文献基本表示文献之间的层次结构，宏文献的交叉索引链构成文献间的任意关联的网络结构。

（三）非格式化多媒体数据的存储

在磁盘操作系统出现之前，应用程序必须通过磁盘控制器发送命令直接把永久数据写到磁盘上，应用程序负责管理数据在磁盘上的绝对位置，还要小心是否覆盖了已存在的数据，随着计算机系统的发展，出现了磁盘操作系统，它为应用程序提供各种服务，包括管理永久数据的文件系统。

文件系统提供了应用程序与磁盘之间的单级存取关系，结果是每个应用程序把文件看成是磁盘上单个连续的字节流。现在，所有系统的 API 都可以为应用程序提供输入和输出功能，以对平面文件进行读写操作。一般情况下，这些 API 已经足够了。

然而对于数据量较大的多媒体数据项，或多媒体对象来说，在单个平面文件中进行存储多个大型数据项就不再有效了。这要求在单个文件的概念框架之内来考虑多个多媒体数据项的存储。即使用常规的平面文件方法存储分离的多个对象，但某个对象大小增加时，或只是简单地添加对象时，就需要把整个文件装入内存中，插入新对象，然后保存整个文件，而这个过程是极其费时的。

因此需要在单级存取关系上再增加一个层次，即二级存取关系。这里采用变长记录（VLR）存取结构，其最高发展阶级是文件中的文件系统。由于多媒体数据是不定长的，所以用一个变长记录存储。一个变长记录作为多个数据块的单链表存储。变长记录由索引记录的索引项来寻址。

由于多媒体数据量巨大，随着库容量的增加，原来的物理盘可能存储不下增长的数据。解决的办法是延续库的存储，把增加的数据存在另一个磁盘上。虽然数据存储在分离的多个库中，而从逻辑上看，库是一个整体，即实现逻辑域位于多个物理和／或逻辑磁盘设备上。通过对媒体项索引的换算，从逻辑卷索引文件中定位实际库所在位置，然后再由库内部索引来存取媒体数据项。

第二节 文献信息的检索与分析

一、认识信息检索

信息检索能帮助人们快捷、准确、全面地获取所需知识，最大限度地节省查找时间，使我们的信息检索过程变得事半功倍，更使信息能够得到充分的利用。

在当今社会生活的人，几乎每天每时每刻都与信息打交道。可能我们已经感觉到有的人做事往往容易成功，而有些人则不易成功，这在很大程度上是因为前者有较强的信息意识，能够掌握较多的信息，对所做的事情能够做出正确的判断，因而他们的成功率也就比较高。反之若信息意识差，不能及时收集信息，做出的决策往往会有偏差，成功率也就不会很高。信息检索方法是为实现检索目的而采取的具体操作方法或手段。检索信息的方法主要有两种，即直接检索和间接检索。事实上，现在的许多图书馆仍然在使用这样的分类层次来对收藏的资料进行分类。现在，计算机技术的发展使得自动构建大型索引成为可能。也就产生了两种不同的检索策略，既以计算机为中心的和以人为中心的信息检索。在现在人们的生活中，计算机已是普遍，人们用计算机网络检索的多些。

二、信息检索的应用

书本检索工具具有查阅方便的特点，但同时有时受出版时间的限制，往往不能反映最新的资料。期刊式检索工具能反映最新的资料，但由于篇幅的限制，又不能全面反映资料的历史内容。查找学科方面的专题资料，首选的是专业性检索工具。因为它反映的是本学科领域内的文献，专指性强，能节省时间和精力。但同时，也要注意使用综合性的检索工具。因为综合性的检索工具能反映各个学科的内容，对于开拓知识面和视野具有极大的作用。

现代学科之间的渗透很多，查检综合性检索工具有时能得到意想不到的收获。尤其是国内的一些检索工具，往往采用分类进行编排，一些跨学科的文献往往分散在不同的类目中。因此，更要注意利用综合性检索工具。在检索中要注意将专题书目与综合性书目、专题索引与综合性索引、专业数据库与综合性数据库等配合起来使用。中文检索工具只能反映国内的研究成果，因此，要注意充分使用外文的检索工具，获得世界上最新的研究动态。只有了解国内外的研究动态，才能使论文具有较高的水平。

三、文献检索方法

（一）布尔检索

利用布尔逻辑算符进行检索词或代码的逻辑组配，是现代信息检索系统中最常用的一种方法。常用的布尔逻辑算符有三种，分别是逻辑或"or"、逻辑与"and"、逻辑非"not"。用这些逻辑算符将检索词组配构成检索提问式，计算机将根据提问式与系统中的记录进行匹配，当两者相符时则命中，并自动输出该文献记录。

检索中逻辑算符使用是最频繁的，对逻辑算符使用的技巧决定检索结果的满意程度。用布尔逻辑表达检索要求，除要掌握检索课题的相关因素外，还应在布尔算符对检索结果的影响方面引起注意。另外，对同一个布尔逻辑提问式来说，不同的运算次序会有不同的检索结果。

（二）截词检索

截词检索就是用截断的词的一个局部进行的检索，并认为凡满足这个词局部中的所有字符（串）的文献，都为命中的文献。按截断的位置来分，截词可有后截断、前截断、中截断三种类型。

下面以无限截词举例说明：

（1）后截断，前方一致。如：comput 表示 computer，computers，computing 等。

（2）前截断，后方一致。如：computer 表示 minicomputer，microcomputers 等。

（3）中截断，中间一致。如：comput 表示 minicomputer，microcomputers 等。

截词检索也是一种常用的检索技术，是防止漏检的有效工具，尤其在西文检索中，更是广泛应用。截断技术可以作为扩大检索范围的手段，具有方便用户、增强检索效果的特点，但一定要合理使用，否则会造成误检。

（三）原文检索

"原文"是指数据库中的原始记录，原文检索即以原始记录中的检索词与检索词间特定位置关系为对象的运算。原文检索可以说是一种不依赖叙词表而直接使用自由词的检索方法。

原文检索的运算方式，不同的检索系统有不同的规定，其差别是：规定的运算符不同；运算符的职能和使用范围不同。原文检索的运算符可以通称为位置运算符。从 recon、orbit 和 stairs 三大软件对原文检索的规定，可以看出其运算符主要是以下 4 个级别：

（1）记录级检索，要求检索词出现在同一记录中；

（2）字段级检索，要求检索词出现在同一字段中；

（3）子字段或自然句级检索，要求检索词出现在同一子字段或同一自然句中；

（4）词位置检索，要求检索词之间的相互位置满足某些条件。

原文检索可以弥补布尔逻辑检索、截词方法检索的一些不足。运用原文检索方法，可以增强选词的灵活性，部分地解决布尔检索不能解决的问题，从而提高文献检索的水平和筛选能力。但是，原文检索的能力是有限的。从逻辑形式上看，它仅是更高级的布尔系统，因此存在着布尔逻辑本身的缺陷。

当然，文献检索这门课程很有用，可是要学好也不是很容易，我们必须多练习、多搜索，经常去查询、去摸索，并且要仔细的静下心来学习，只有真正熟悉了各种数据库的检索方法，掌握正确的检索方法，才能够快速而准确的找到自己真正所需要的文献资料。听过这段时间的学习，我要感谢老师的耐心教学，要感谢同学们的热心指导，感谢你们的帮助让我顺利完成了这门课程，并学到许多有用的东西。

第三节 文献信息的咨询和读者服务

随着因特网在全球的普及，网络技术已经渗透到社会生活的各个方面。在网络环境下，全球信息量的剧增以及人们对社会信息的全方位的需求，也给图书馆的参考咨询服务带来了一系列巨大的变革，因此，参考咨询服务面临着新的要求和挑战。

一、网络环境下参考咨询服务的变革

（一）服务模式多元化

参考咨询服务是图书馆读者服务的重心所在，是体现图书馆读者服务水准的最高层次服务。图书馆传统的参考咨询服务方式多为单一、重复、被动的服务，是参考馆员坐在工作室里，以馆藏文献为基础，以卡片式、书本式的目录、索引、文摘等检索工具，有针对性地向读者提供具体的文献、数据、文献检索途径和线索，通过手工检索为用户提供服务，基本上是参考馆员与读者一种面对面的被动服务模式。在网络环境下，由于参考馆员与用户的咨询服务方式直接在网络上进行，有效地克服了地域的障碍，不再受时间与空间的限制，因此，咨询服务不再是面对面，已从一对一的模式变为一对一、一对多、多对一、多对多的多种模式并存的多元化格局。

（二）服务对象社会化

由于网络的贯通，网上用户已没有地域限制，人们只要在自己的终端前就可以随时进入图书馆网络系统进行咨询，图书馆成为网络中的一员，成

为资源共享的一部分。

（三）服务手段技术化

在网络环境下，以网络为中心的计算机技术、网络技术、通讯技术、信息数字化技术以及多媒体技术在图书馆得到广泛应用，使图书馆的咨询服务手段从传统走向技术化。由于计算机终端的广泛使用和通信网络的联通，用户通过计算机网络坐在办公室或家中就可访问图书馆，参考馆员通过在网络上进行交互式或以电子邮件的方式与用户交流，解答咨询，并可通过FTP进行资料的电子传送。网络环境可为用户提供各种功能强大、灵活、方便、实用的检索工具。用户既可以进行光盘检索、联机检索，还可以在网上查询所需要的信息，同时，还可以通过网页向全球发布信息。这是一种双向主动式的服务手段。

（四）信息资源数字化

信息资源是咨询馆员为用户提供信息服务的基础，卓有成效的参考咨询服务必须依赖于丰富的信息资源。传统参考咨询服务的信息资源，主要以馆藏文献的各种书目、索引、文摘及各类工具书等印刷型文献为物质基础。在网络环境下，图书馆拥有丰富的信息资源，参考咨询的信息资源突破了传统的工具类型，从载体形式到内容都呈现出多元化的趋势，如各种电子图书、光盘数据库、网络数据库、多媒体数据库、数字化期刊等非印刷型出版物等。越来越多的参考工具和检索工具转化成动态的、时时更新的数据库，连续出版物成为动态的电子文献，还可通过Internet访问全球性的"虚拟图书馆"，通过Internet网络，可以跨越时间与空间，在全球范围内搜索大量的动态信息。现代参考咨询服务不再像传统的参考咨询那样主要以馆藏文献资源为基础，馆藏资源已突破了本馆的界限，成为本馆馆藏与馆外网络资源的结合，突破了"馆藏"的概念，转向包括网络信息资源在内的全球性"虚拟图书馆"的数字化信息资源。

（五）检索工具现代化

现代信息技术的发展为网络服务提供了强大的物质基础和有力的技术支持。相应的检索方式已从过去单一检索点的线性检索，发展到可以进行多元多检索点的布尔逻辑组配检索，从文本检索发展到超文本检索。提供的信息不仅包括目录、索引、文摘、全文等文本型信息，还包括程序、声音、图像和多媒体信息。同时网络环境下各种信息资源的检索途径多，检索速度快，可大幅度提高检索的速度以及查全率和查准率，对检中文献还可以方便地进行编辑、粘贴、保存、复制、拷贝和传递。

二、深化图书馆参考咨询工作的思考

（一）进一步完善服务设施，加强文献信息资源建设

网络环境下图书馆的信息咨询服务，是以现代化设备为技术支撑，通过数据通讯网络来实现信息的存取与传递。因此，完善的基础设施无疑是搞好参考咨询服务的技术条件保障。网络环境下，电子化信息资源便于计算机和网络的高密度储存、高效率处理和高速度传递，是图书馆信息咨询服务的重要媒体。因此要通过合理配置和有效协调文献购置费，适度增加联机数据库、光盘数据库和电子刊物的订购量。同时要注意开发网络资源，通过互联网把境外资源引进来，建立镜像数据库，可以利用镜像技术将网上数据库套录下来，建立各种专题数据库，供读者查询，既可避免读者重复上网，又可为用户节省大量昂贵的网络通讯费用。

（二）建立图书馆主页

网络使高校拥有成百上千个终端，联系各个系部处室及学生、教师宿舍。图书馆的主页（Homepage）是网络咨询服务的核心，通过主页咨询，用户可以方便地了解到常规性图书馆知识，如馆情介绍（图书馆建筑、馆藏结构、机构设置及部门职能、本馆历史简介、馆藏文献类型、开馆时间等）、馆藏目录查询、读者借阅状况查询和预约等；一些常用的检索工具和检索技能；建立电子公告板（BBS），发布新书公告等。因此，设计、制作和维护好主页，是做好网络咨询服务的重要一环。

（三）开展网络知识培训和网络导航

图书馆网络将发展成为越来越庞大、越来越复杂的协作系统，网上信息的组织方式、检索和获得方式较之传统文献组织、检索获得方式更为复杂多样，技术含量高，对用户信息能力要求高，且网上信息资源的多元化和随意性，还存在良莠不齐，难以控制和鉴别等问题。这对于尚缺乏计算机知识和网络知识的用户来说，进行有效检索和利用网上信息资源有一定的困难。因此，应重视对用户进行网络知识培训和网络导航。开展网络知识培训服务，是网络环境下做好咨询服务的一个重要前提。培训的形式可以多种多样，既

可以主办培训班实行面对面教学,也可以设立"网络教室"实行网上教学。培训内容主要是网络基础知识的普及,包括 Internet 和 WWW 的简介、常用网络查询工具的使用、电子邮件(E-mail)的接收与发送、网址搜寻方法、网络信息鉴别以及文件的下载方法等等。

(四)建立高素质的网络咨询队伍。

图书馆要深化信息咨询服务,必须造就一支综合素质较高的信息咨询服务群体,才能适应网络时代参考咨询服务的要求。网络环境下的参考咨询馆员必须具备以下素质:

①必须具有高尚的职业道德,树立为人民服务的思想,恪守"读者第一,服务至上"的职业道德。

②要具备合理的知识结构。参考馆员必须具备图书情报学的基础知识、计算机技术、网络技术、通讯技术和多媒体技术、网络信息检索技术在内的现代信息检索技术。

③一定的外语水平。目前各种检索软件以及网上资源大多是英文的,中文的网上资源很少,要想及时跟踪获取先进国家的最新信息,没有较好的外语水平是无法胜任这项工作的。

④强烈的信息意识和较高的信息处理能力。参考咨询馆员要有敏锐的信息意识,较强的捕捉信息技能,准确地分析和快速地传递各种有用信息。信息处理能力是获取、加工、吸收信息的能力。

因此,良好的综合素质是咨询馆员为用户提供多层次、全方位、高水平的信息服务的重要保证。

三、读者服务

读者服务工作,是指图书馆围绕读者在使用馆藏图书过程中的各种要求,而进行的各项直接为读者服务的活动。读者工作的根本任务是充分利用图书馆的藏书,最大限度地满足读者的需要,包括图书流通、宣传、阅读辅导和解答参考咨询等。读者工作是一项服务性的工作,它必须根据办馆方向和任务,根据读者的需要,按照图书馆工作自身的特点和规律,通过馆内阅览、图书的宣传推荐、阅读辅导、书目索引、解答读者咨询、开通预约服务等各项业务活动,为读者普及科学文化知识,为科研、教育、教学提供图书资料。

读者服务工作，要通过读者利用藏书的效果，图书流通率的提高，藏书的补充是否切合读者的需要，藏书数量能否满足读者的要求，图书目录能否充分提示馆藏等等来衡量。图书馆各项业务工作，只有围绕读者工作这个中心环节进行，才能目标明确，生动活泼和富有朝气，而发挥其应有的作用。

（一）扩大读者队伍，稳定读者队伍是重点

现代图书馆作为公益性文化教育机构，其宗旨是以提高广大公民素质，传播先进有益的科学文化知识，满足人们日益增长的文化教育的需求为目的。可见，读者是图书馆生存的土壤和条件，是图书馆发展的直接动力。图书馆通过读者的利用才能体现其社会价值，且利用率越高价值越大。

（二）切实做好图书馆读者服务工作是重中之重

1. 做好读者服务工作，满足读者阅读需要，是图书馆工作目的和归宿

第一，树立全心全意为读者服务的思想和具有良好的服务态度读者服务工作人员要热爱图书馆事业，热爱读者服务工作，热爱自己的服务对象——读者，树立全心全意为读者服务，对读者负责的思想；急读者所急，想读者所想，工作认真负责，耐心细致，对读者热情谦逊、文明礼貌。服务性是图书馆的一个基本特性。当读者遇到困难，如所索借图书缺藏或已借出时，能主动宣传推荐内容相近的图书。当读者所提要求无法达到，甚至所提要求不尽合理时，也能做到耐心解释，态度和蔼，这样才能密切图书馆与读者的联系，很好地完成读者服务工作。

第二，具备一定的图书馆业务知识和科学文化知识。

读者服务工作人员要熟悉自己的业务，具有一定的文化科学知识，恰当安排工作。要熟悉馆藏图书，熟悉读者，熟练地使用工具书，要了解和掌握本馆藏书的一般情况和藏书特点；重点了解各学科基本著作；了解和掌握各种工具和各种参考工具书，结合工作实际勤翻多练，做到工作得心应手。

2. 做好宣传辅导工作

图书宣传，是运用各种形式宣传图书，提示馆藏，引导读者了解图书，利用图书，扩大图书的流通范围，更有效地发挥藏书的作用。可开展书刊展览，如新书展览、专题展览；宣传橱窗；报刊剪辑；编印新书通报；编制书目、索引；报告会、讲座；图书讨论会；故事会、朗诵会等各种方式方法，以宣传图书馆，使读者更好地利用图书馆馆藏资料。

3. 做好参考咨询工作

图书馆根据读者的要求，利用工具书和各种书刊资料，迅速、精确地答复读者咨询的问题；编制书目，提供书刊资料，供科学研究、教学参考使用。开展对读者的咨询解答和书目参考工作，可以解决读者对书刊资料的需求和他们对所需书刊资料了解不足的矛盾，帮助读者解决查找文献资料的疑难，缩短科研人员查找资料的时间，从而加速科学研究的进程。

此外，我们抓住光盘、数图等电子资源优势，推动电子阅览发展。如建设特色的学科资源，围绕点资源开展活动等。

总之，图书馆要做好读者服务工作，就要根据不同读者的需要，提供不同的服务方式，以达到最好的服务效果。采取有力措施，使图书馆读者服务工作的作风、内容、方式、手段等都紧紧迎合其发展趋势的需要。使读者了解图书馆、有效地利用图书馆，并对图书馆工作给予支持和监督，使读者在利用图书馆过程中得到最大的收益，使图书馆更好地为科学研究、教育、教学服务。

第四节 知识与技术的应用

一、关键词统计和分析的概念

情报学的关键词是随着社会与技术的发展应运而生的。信息技术的飞速发展、信息资源类型的进一步多样化、用户信息需求的复杂化与专深化，给图书情报服务带来了各种新的挑战，提供多种发展契机。为了准确把握图书馆学的研究现状和热点，明确图书馆学的前沿领域和发展趋势尤为重要。

关键词是表达文献主题概念的自然语言词汇。一个学术研究领域较长时域内的大量学术研究成果的关键词的集合，可以揭示研究成果的总体内容特征、研究内容之间的内在联系、学术研究的发展脉络与发展方向等。文献计量学是以文献或文献的某些特征的数量为基础，来论述与预测科学技术现象与规律的情报科学分支。关键词分析则是该学科的重要方法，是一种将文献中诸多因子联系起来的引证分析方法，它科学评价文献、文献作者和文献的学术水平，揭示学科热点和发展趋势。

在对关键词进行统计时去除了研究、发展、开发、利用、应用、开发利用、发展趋势等非实质性词语。为了消除不同年份论文篇数波动造成的影响，以某年度每个关键词出现的次数占当年文章总篇数的百分比作为该年度该关键词的词频值。

关键词是论文的文献检索标识，是表达文献主题概念的自然语言词汇，能够简单、直接、较为全面地概括论文的核心研究内容。

高频关键词可以反映学科的研究热点，而关键词的变化也可以在一定程度上反映学科的发展趋势。但词频只能反映单个关键词的受关注程度，而无法反映词与词之间的内在联系，无法找出研究主题。

共词分析法利用文献集合中关键词共同出现的情况，来确定该文献集合中各关键词之间的关系。一般认为词对在文献中出现的次数越多，这两个关键词的关系越紧密。由此，便可形成一个由这些关键词所组成的共词网络，网络内节点之间的远近便可以反映主题内容的亲疏关系

社会网络分析方法中的程度中心性体现节点的地位优越性，反映一个节点与其他节点直接相连的次数的多少；派别分析通过比较子群内部成员之间的关系强度相对于子群内、外部成员之间的关系强度来区分派别。因此本文采用程度中心性和派别分析对情报学期刊论文的关键词进行共词网络的可视化展示与分析，以揭示其研究热点和研究主题。

聚类分析是根据事物本身的特性研究个体分类的统计方法，它基于数据的相似性分类，将当前最亲密的对象合并为一类，直到所有个体聚为一个大类为止。

通过综合情报学领域期刊论文的关键词的词频分析结果，可以得到如下结论：检索是情报学领域的核心研究内容，实现检索的机械化、自动化是情报学的研究热点；网络技术给情报学检索技术的发展带来了技术支持。计算机网络技术在情报学领域的应用已由蓬勃发展阶段逐渐走向成熟阶段。新的检索方式和方法的成熟为情报定量研究分析创造了成熟的条件，引文分析、统计分析等文献计量研究趋于活跃。

二、基于关键词统计与分析的情报学

现今的情报学相对于前些年的报学的研究领域更为广阔，领域之间界限更加分明，对重点主题的研究更加深入与集中。图书馆理论与实践研究一直是情报学的研究重点。现在，基于关键词统计与分析的情报学研究主题的

变化趋势主要是：

（一）更注重"以人为本"

以用户需求为目标提供个性化服务，并对服务质量进行评价，而且对图书馆不仅仅进行创新管理研究，还进行危机管理研究。

（二）知识管理研究不断深入

知识管理的内容和环节包括知识获取、知识共享与转移、知识运用、知识创新。知识创新是知识管理的目的，而知识共享与转移是知识管理中极其重要的基础性工作，也是知识创新和知识应用的前提条件，且是最终达到企业及所有成员知识增长的重要手段。

（三）技术手段不断加强

传统的情报学，其主要特点在于用户通过浏览器获取信息；基于关键词统计和分析的情报学，通过互联网技术的加入，情报学则更注重用户的交互作用，用户既是网站内容的浏览者，也是网站内容的制造与提供者。

（四）研究方法不断完善

传统的情报学研究方法主要集中在定性研究上，其中最主要的是比较研究和对策研究方法。与过去相比，基于关键词统计与分析的情报学更注重理论研究与实证研究相结合、定性研究与定量研究相结合的研究方法。现在的情报学研究方法应用更广泛，主要表现在：文献计量、信息计量、网络计量等计量方法的应用与推广；用层次分析法建立指标体系对图书馆、绩效、网站等各种新旧事物作评价分析；将向量空间模型等建模方法应用于检索领域；知识图谱等可视化方法使事物内在联系与规律更加直观、形象。

三、图书情报学研究的重要知识域辨析

图书情报学的知识域辨析，就是指的图书情报学的知识管理体系。有关知识管理的起源，图书情报学界尚未达成统一意见，但是能够确定的是知识管理首先应用于企业管理领域，是信息管理发展到一定阶段的产物，具有鲜明的时代特征。知识管理的产生是多方面共同作用的结果，知识经济为知识管理提供了平台，企业管理为知识管理提供了理论依托，而信息管理为知识管理提供了技术支持。知识管理在受到情报学界广泛关注的同时也在潜移默化地对情报学产生着变革性的影响。

(一)知识、信息管理及知识管理的区分。

知识管理在情报学中占据非常重要的作用,我们要想弄清楚知识管理与情报学的关系并做进一步深入研究,首先应当对知识、信息管理以及知识管理的概念有充分的理解。

信息管理发展到 20 世纪 80 年代末期,知识管理这一名词开始在企业组织内部出现。无论信息管理还是知识管理,都是信息技术发展到一定阶段的产物,二者的区别在于,前者更侧重于技术方面,重视对显性知识的加工处理;而后者将重点转移到了隐性知识上来,尤其是对企业员工或情报人员头脑中的知识的有效开发和整合的过程,特别强调创新和培养集体学习创造能力这一理念。因而,知识管理是对信息管理的延伸和发展,我们可以大胆地预言,信息管理作为知识管理的基础将有被知识管理融合取代之势。正如电子产品取代传统通讯工具一样,现在正处于二者并存的过渡阶段,这样的阶段是必不可少的发展过程,而信息管理完全过渡到知识管理阶段还需一定的积累。

(二)知识管理态势下情报学的研究内容。

进入 21 世纪,情报学与知识管理二者的互动更加突出,知识管理对情报学的影响是多方面的。情报学与知识管理有着天然的密切联系,近年来知识管理的兴起和发展推动相关学术活动的开展,从研究内容、学科体系和理论基础等多个方面对情报学的理论研究产生了影响。在知识管理的影响下,情报学研究内容的变化是比较突出的:趋向"知识化"。诸如知识组织、知识服务、知识挖掘、知识地图、知识螺旋、网格技术、语义网等新的名词开始进入人们视野。

1. 知识地图

知识地图概念首先由英国情报学家伯·C.布鲁克斯(Bertram C.Brookes)在其著作《情报学基础》提出。知识地图实际上是对情报机构的知识目录总览,将已经形成的知识目录形象化以方便情报人员的管理和使用。作为知识管理技术之一,它被应用于情报学领域可以保障情报研究工作和知识交流工作顺利进行,提高工作效率,避免因资源不足或经验缺失造成的资源浪费,是对情报学技术的丰富和发展。究其实质,知识地图可以被视为利用现代技术制作的组织知识目录及其关系的综合体,主要解决"知道谁"和"谁知道什么"的问题。知识地图构建采用了包括文本索引、关键字提取、术语加权和分类/聚类等技术,以上技术理论基础多源自图书情报领域,对于情报学来说,知识地图技术并非外来客体,而是与该领域息息相关,二者在互相影响渗透中不断发展壮大。知识管理与情报学具有天然的血缘关系,数据、信息、情报、知识一直是情报学的基本研究术语,而知识管理领域将基本研究要素定位为知识,理论基础方面二者直接存在着交叉之处。此外,二者都直接或间接地起源于对文献信息资源的管理和研究。

2. 知识螺旋

知识螺旋关键词理论由野中郁次郎在其1989年的著作《知识创造的企业》中首次提出,他特别强调组织和调动个人的隐性知识,将其应用于组织内部并经过社会化、外化、整合和内化四个阶段,使得隐性知识和显性知识相互转化,即使个人的隐性知识得以传播,然后使得其外化到显性知识层面,进而将个人知识吸收到组织内部加以显性化,最终内化成为组织隐性知识的过程。知识螺旋理论不仅可以应用于企业内部,在各种组织机构内部使用都会取得良好的效果,它实际上是对知识进行创新的全过程。作为知识管理的关键理论之一,情报工作者的工作目标本身就是对知识资源的获取、加工、转化、共享以及创新的过程,掌握知识螺旋理论有助于情报工作者有效管理知识,在信息技术飞速发展的时代把握不断更新的知识并加以有效组织利用。虽然以上两个关键词不足以反映知识管理理论全貌,但是可以在一定程度上呈现知识管理理论的内涵。

(三)情报学研究的重要知识域发展路径

当今社会已步入知识经济时代,在这样的大环境影响下的图书情报学目前最活跃的一个生长点是知识管理,它引发图书情报学一系列深刻变革。

1. 以用户为基础,实现共享

情报学研究的重要知识域的发展与社会经济的发展相一致,都是以用户为基础,实现共享。随着知识经济社会的发展,知识管理的影响越发明显,情报学界一批学者开始将研究视角转向知识管理,北京大学秦铁辉教授是在此领域较有建树的专家之一。知识管理作为一种新兴的管理模式,秉承着为知识创造提供便利、为人们共享知识提供方便的原则,为情报学带来新技术、新思路的同时也在潜移默化地引发变革。"知识共享"是在知识管理的大环境下衍生而来，它是知识管理的关键与核心，同时，也是知识管理中的最大难点。

知识管理的核心是人，强调以人为本、重视用户体验。伴随着知识管理理念的兴起，并被逐渐引入情报学界，图书情报机构的服务模式发生了转变，由信息服务上升到知识服务层面。用户为中心的理念并非对传统情报学理论的颠覆，而是在传统情报学基础上的进一步完善，使得在整个情报搜集、获取、整理、评价、检索以及提供的过程中都能够以用户为中心，重视用户体验。

2. 竞争情报与知识管理

竞争情报是在全球化的大环境下各大企业间竞争日益加剧的结果。在企业管理的过程中，获取竞争对手的商业情报至关重要。与此同时，知识成为企业的最高财富，要想获取情报，知识管理技术手段是必不可少的，二者都是以信息和知识为研究对象，以提高企业竞争力为目标的，同时他们有着共同的管理理念和实施策略，正是这么多的共性将竞争情报与知识管理紧密相连。但是他们并非是企业管理的专利，也并不是只为企业而服务的，我们在探索情报学研究的过程中亦可以适当借鉴企业管理经验，取之所长以丰盈情报学理论支撑和技术手段。

有关整合研究的论述同样适用于情报学领域，如果情报部门能有效将竞争情报与知识管理整合，将大大提高知识资源的共享程度并有利于提高情报服务的效率。图书情报工作者提供服务的对象知识构成具有复杂性，服务群体也多元化，因而在服务的过程中常常面对这样的问题：一旦本次服务为用户提供了便利，他有可能再来主动寻求帮助；但是如果没有为用户提供很好的用户体验，我们将间接失去一批用户，而且这种损失往往是不可弥补的。因而在提供服务的过程中，我们应当不断丰富完善工作人员的自身专业技术水平，提高服务质量，为更多的用户提供帮助。在整个服务过程中，以人为本是要贯彻始终的理念。

3. 情报学教育的新变革

知识管理作为一门独立的学科在与情报学不断融合的过程中，也被逐渐纳入到情报学的基本研究框架之中。这是因为知识管理作为与情报学相关的学科，二者在研究内容上有一定的交叉，知识管理作为经济社会的新兴产物，其与情报学的结合将更有利于推动和丰富情报学的发展。

随着社会经济的快速发展和科学技术的不断提高，人们对于情报信息的需求是巨大的，且是善变的。知识经济时代继续将知识管理与情报学进行整合是十分必要的。知识管理将为我们提供更广阔的视角、为情报学研究注入更多生机与活力。情报学的重要知识域在情报学的不断发展与完善中，扮演着重要的作用。

四、图书情报学知识图谱的构建与解读

当今社会信息技术发展日新月异，互联网技术、数据库技术、人工智能技术等在各个领域的应用日臻成熟；信息化数字化时代的到来，信息的获取和利用日益方便和快捷，为科学研究提供了不可或缺的分析基础，这些都为科学计量学的研究奠定了发展基础。

知识图谱是显示科学知识的发展进程与结构关系的一种图形，它以科学知识为计量研究对象，属于科学计量学范畴。它是基于内容分析、引文网络分析和信息可视化的一种可视化显示知识以及相互关系的一种图形，已经成为当前科学计量学中比较热门的研究方法。知识图谱在图书情报学领域也称为知识域可视化或知识领域映射地图，是现实知识发展进程与结构关系的一系列各种不同的图形，用可视化技术描述知识资源及其载体，挖掘、分析、构建、绘制和显示知识及它们之间的相互联系。

（一）图书情报学知识图谱的构建。

1. 数据获取和处理

对于高频主题词的提取，目前国内外还未形成统一权威的标准。大多数学者在选择小样本主题词时都是按照词频大于某个特定值的方法，认为大于这个特定值即可认定该主题词是高频主题词。此外，还需要考虑提取的高频主题词占所有主题词词频的比重，根据主题词累积词频的变化截取高频主题词。

2. 共词分析

共词分析是一种内容分析技术，它通过分析在同一个文本主题中的款目对共同出现的形式，确认文本所代表的学科领域中相关主题的关系，进而探索学科的发展。共词分析的主要作用是通过对高频主题词的聚类，发现研究对象的分析热点和主要内容，深入揭示相对应的研究结构，进而系统探讨

其研究维度、学科背景和理论基础，以期进一步把握其研究现状、学术热点及发展趋势。

3. 相关分析

相关分析是研究现象之间是否存在某种依存关系，是以分析变量间的线性关系为主，是研究它们之间线性相关密切程度的一种统计分析方法。通过相关分析，界定任意两个主题词之间的距离，以及这种距离所代表的关系，从而进一步确定主题与主题直接或正或负的联系。

相关分析是整个数据处理过程中比较简单的一步，却至关重要。SPSS的统计分析是建立在相关系数的基础上，需要基于相关矩阵表进行。因此，须将以上共词矩阵经过特定的相关性转化为相关矩阵，以便SPSS统计分析。共词矩阵转化为相关矩阵通过Excel来完成，具体步骤是：在Excel中加载宏，导入分析工具库–VBA函数，使用Excel中自带的数据分析模块进行相关系数的计算，通过"工具"–"数据分析"–"相关系数"，对共词表中的每一列进行相关系数的运算，由此可以得到完整的100*100的相关矩阵表。得到100*100主题词相关矩阵后，就可以通过SPSS统计分析工具进行因子分析，聚类分析以及多维尺度分析，并构建图书情报学知识图谱。然后通过SPSS对主题词进行了一系列的因子分析、聚类分析和多维尺度分析，在此基础上得到图书情报学研究的各个大类。

（二）图书情报学知识图谱的解读

1. 基于主题词的总体分析

对主题词的总体分析主要是对研究范围内选取的样本进行SPSS分析后获取的前100位的主题词上，在图谱构建中主题词对应的百分比就表示在这一年该主题词出现的次数占该年所有提取的主题词总词频数的比重。"平均比重"则表示该主题词在研究年限范围内的平均值；"变化状态"表示研究年限范围内的变化情况，会有"持续上升"和"持续下降"两种情况；"无显著规律"则表示该主题词在研究年限内变化比较反复；研究年限中的"末年比初年增长幅度"表示末年比初年的增长比例，用以衡量该主题词在末年的关注度和热度相较初年的情况，比例越高，增速越大，发展越快。

2. 科学发展态势

现阶段的学科发展主要集中在图书馆实体研究、资源对象以及学科基本信息理论三个方面。而在每个方面下，又有不同的发展侧重点，如在实体研究中，主要是根据系统的观点，将图书馆划分为结构、职能、作用、类型、表现形式各不同的子元素，研究多集中在学术图书馆、图书馆人员和图书馆的地域研究上；在资源对象方面，主要是将图书情报学的研究对象－信息资源作为研究主导，尤其是针对目前网络信息资源迅猛发展的情况，因此研究多集中在网络资源的检索与评价方面；在学科基本信息理论方面，研究则多集中在管理和技术两大方面，其中管理侧重于对信息资源管理和知识管理的研究，而技术更多的是面向检索技术和存储技术的研究。

在知识经济发展的大环境下，知识图谱的应用受到了越来越多的关注，而关注的增多必将会带来更深入的研究。如今对知识图谱的研究多数还只是局限在对某个特定主题的分析之上，对学科和领域的研究不是很多。我们今天的各行各业，在充分了解自身行业特点的同时，可充分借助情报学知识图谱的分析，通过可视化显示科学的发展途径与趋势，对自身的发展提供指导方向，这才是图书情报学知识图谱研究和发展的最终意义。

第四章 图书情报检索研究

第一节 情报检索概述

科学技术史表明,科技发展的重要前提是积累、继承和借鉴前人的成果。没有继承和借鉴,就不可能有提高和创新。没有交流和综合,就没有发展。在当代物质条件下,科学上的继承、借鉴、交流和综合主要是通过情报检索所提供的途径来实现的。本节主要阐述了信息、知识、情报与文献的概念与特征,文献信息的类型与特征,以及情报检索及其意义。

一、情报与文献

(一)情报

1.情报的概念

情报与信息在英语词汇中是同一词,即"information"。关于情报的定义,至今尚无统一的定论。情报究竟是什么,时至今日,国内外对情报定义仍然是众说纷纭,不同的情报观对情报有不同的定义,归纳起来主要有以下三种。

军事情报观对情报的解释。如"军中集种种报告,并预见之机兆,定敌情如何,而报于上官者";"战时关于敌情之报告,曰情报";"获得的他方有关情况以及对其分析研究的成果";情报是"以侦察的手段或其他方式获取有关对方的机密情况";《现代汉语词典》中解释,情报是"关于某种情况的消息和报告,多带机密性质",如"情报员、军事情报、科学技术情报等"。

信息情报观对情报的解释。如情报是"被人们所利用的信息""被人们感受并可交流的信息""指含有最新知识的信息""某一特定对象所需要的信息"等。

知识情报观对情报的解释。如《牛津英语词典》把情报定义为"有教益的知识的传达""被传递的有关情报特殊事实、问题或事情的知识";英国的情报学家B.C.布鲁克斯（B.C.Brooks）认为"情报是使人原有的知识结构发生变化的那一小部分知识";我国情报学界也提出了类似的定义，有代表性的是"情报是运动着的知识，这种知识是使用者在得到知识之前是不知道的""情报是传播中的知识""情报就是作为人们传递交流对象的知识"。

2. 情报的特征

（1）知识性

情报的本质就是知识，是一种新的知识。科学技术的发展意味着新的知识的产生和陈旧知识的更替，如创造发明、科研成果、新技术、新工艺、新设计、新产品、新理论、新事实、新决策等，都是新知识。没有知识内容或知识不新，都不能称为情报。

（2）传递性

情报必须进行传递交流，虽然情报的本质是知识，但知识不传递仍然不能称之为情报，有情不报，何以成为情报？情报的传递属性，包含两个方面的内容：一方面是它必须通过一定的物质形式进行传递；另一方面获得情报必须经过传递，如口传、手传、邮传、电话和电报传递、网络传递等，都是情报传递交流的不同手段。

（3）新颖性

情报必须是事物发展的最新知识报道，并带有真实性和机密性的特征。过时的、虚假的、没有经过加工提炼的知识，只能是一种信息现象，不能算是情报。

（4）价值性

情报是一种有价值、有效用的知识，能使人们启迪思路、开阔眼界、提高识别客观事物的能力。它具有很强的价值性特点，没有价值的信息和知识，也不能称为情报。同时，它又是一种相对的概念，一种信息或知识，对需要的人来说是情报；对不需要的人来说不是情报。

（二）文献

文献一词最早出现于孔子的《论语》中，其含义千百年来几经变化。在1983年颁布的国家标准《文献著录总则》将其定义为：记录有知识的一切载体。在国外，文献一词最早出现于20世纪初，起初其含义也是多种多样，后慢慢统一为：各种知识或信息载体的总称。可以看得出来，文献一词的概念中外定义是一致的、统一的。

从文献的定义中可以总结出文献的三要素：第一，知识信息内容，是文献的灵魂所在；第二，载体材料，即可提供记录知识或信息的物质材料；第三，记录方式，即用文字、图形、符号、声音和视频等方式和技术手段把知识或信息记录在一定的物质载体上。

文献具有以下属性和功能。

文献的属性：知识信息性、物质实体性、人工记载性和动态发展性。

文献的功能：存储知识和信息、传递知识和信息、教育和娱乐。

在文献中，有很大一部分是用文字、符号、图形、声像等手段记录下来的科技活动或科技知识，把这部分文献称之为科技文献。

科学技术的进步促进了科技文献的发展，现代科技文献的发展具有以下明显的特点：数量急剧增长、内容交叉重复、文献出版分散、文献失效加快、文献类型增多、文献语种增多。

从科技文献的上述特点可以看出，要想从浩瀚的科技文献海洋中索取符合自己要求的文献是相当的困难，因此必须掌握一定的检索方法和技巧，才能避免浪费大量的人力和物力。

二、文献信息的类型与特征

（一）文献信息的类型

1. 按文献信息的物质载体形式划分

按文献信息的物质载体形式（即按信息存储载体的物质形态）划分，有印刷型文献、缩微型文献、声像型文献、电子型文献。

（1）印刷型文献

以纸张为存储载体的印刷型文献，是一种历史悠久的传统文献形式，是文献信息传递的主要载体。其优点是便于阅读和流通，不需要特殊设备，传递知识方便、灵活；缺点是存储密度低，占用储藏空间多，不易管理和保存等。

（2）缩微型文献

缩微型文献是以感光材料为载体，以照相为记录手段而形成的一种文献形式，如缩微胶卷、缩微平片、缩微卡片等。缩微型文献的优点是体积小、信息密度高、轻便、易于传递、容易保存。但阅读需要有较复杂的阅读设备来支持，目前较少使用。

（3）声像型文献

声像型文献是通过特定设备，使用声、光、磁、电等技术将信息转换为声音、图像、影视和动画等形式，给人以直观形象感受的知识载体，也称为视听资料，如唱片、录音带、录像带、CD、VCD、DVD等。声像型文献提供的形象、声音逼真，适用于记载难以用文字表达和描绘的形象资料和音频资料。

（4）电子型文献

电子型文献是以计算机处理技术为核心，把原有的论文、照片、录音和图像等非数字信息，运用数字化技术处理后存储在一定的介质上，成为计算机可以读取、检索的数字信息。有电子图书、电子杂志、电子报纸、联机数据库、光盘数据库、网络数据库等。具有存储密度高、存储速度快、信息处理方便等特点。

2. 按文献信息的加工程度划分

按文献信息的加工程度（即按信息的加工深度和结构等级）划分，可分为一次文献、二次文献、三次文献。

（1）一次文献

一次文献通常是指原始文献，即以作者的研究成果为基本素材而创作（或撰写）的原始制作。包括期刊论文、学术论文、学位论文、科技报告、会议论文、专利说明书、技术标准等公开发表的文献。具有内容新颖丰富，叙述具体详尽，参考价值大等特点。一次文献是最基本的信息源，是文献信息检索和利用的主要对象。

（2）二次文献

二次文献是按照特定目的，对一定范围或学科领域的一次文献进行鉴别、筛选、分析、归纳和加工整理后所得产物，是便于管理和利用一次文献的工具性文献。一般包括目录、题录、索引、文摘等，它以不同的深度揭示单篇文献的外部特征和内容特征，为查找一次文献提供线索，帮助人们在较少时间内获得较多的文献信息。二次文献是一次文献的集中提炼和有序化，它是文献信息检索的工具。

（3）三次文献

三次文献是利用二次文献提供的线索，选用一次文献的内容，经过综合、分析和评述后形成的参考性文献。可分为综述研究类和参考工具类两种类型。前者如动态综述、学科总结、专题述评、进展报告等；后者如年鉴、手册、大全、词典、百科全书等。三次文献源具有系统性、综合性、知识性和概括性等特点。三次文献是一次文献内容的高度浓缩，是研究以往文献内容的重要信息源。

3. 按文献信息的出版类型划分

（1）图书

图书是指人类使用文字、图画或类似符号，记录知识或表达思想的著述载体，是以单册出版的正式公开出版物。这是历史最悠久的文献类型。图书根据功能的不同可分为阅读和工具两类。阅读类图书包括科技专著、教科书、科普读物等。工具类图书主要为字典、词典、手册、年鉴、百科全书、各类指南和名录等。图书的优点是内容一般比较成熟，代表了某一时期某一学科的发展水平，缺点是出版周期较长、体积大、更新速度慢，电子图书的出现将弥补这一缺陷。

（2）期刊

期刊是定期或不定期的连续出版物，有固定名称，用卷、期或年、月顺序编号出版，每期版式基本相同，有专业性和综合性之分。同图书相比，它具有出版周期短，反映新成果及时，内容新、信息量大且文献类型多样等特点，是科技成果比较快捷的公开形式，因而成为利用率最高的文献类型。核心期刊（CoreJournals）是科技期刊中一类特定的期刊，指刊载某学科文献密度大，载文率、被引用率及利用率较高，深受本学科专家和读者关注的期刊。

（3）政府出版物

指各国政府部门及其所属机构发表或出版的文献资料。它的内容很广，概括起来可以分为行政性和科技性两大类，如政府公报、会议文件和记录、法令汇编等。政府出版物具有正式性和权威性的特点。

(4)科技报告

指报道(记录)研究工作和开发工作的成果或进展情况的一种文献信息类型,一般都编有号码,供识别报告本身及其发行机构。第二次世界大战期间,大量的研究成果以内部报告的形式发表,科技报告逐渐成为一种交流的手段,不断增加对科研的投资,致使科技报告的数量不断增加,终于发展成为科技文献信息的一大门类。

(5)专利文献

专利文献是根据专利法公开的有关发明的文献。主要为专利说明书,也包括专利法律文件和专利检索工具。专利文献具有新颖性、创造性和实用性的特点,且范围广泛、出版迅速、格式规范,有助于科技人员借鉴国外先进技术,避免重复劳动。

(6)会议文献

围绕会议的宗旨,在会前提供的发言预印本或发言摘要,会上发表或散发的论文,以及会后整理出来的会议资料的总称。会议文献一般有四个特征:探讨的专业领域集中,针对性强,内容专深;一些重要研制成果或新的发现首先通过会议文献向社会公布;能反映具有代表性的不同观点;有时能透露出一些内部情况,或正在进行中的研究情况。

(7)学位论文

学位论文是为了取得学位,进行公开答辩并获得学位委员会通过而撰写的科学论义,一般指硕士和博士论文。学位论文是在导师的指导下,花费较长时间写成的研究论文,具有较大的参考价值。大多数学位论文未进入出版发行渠道,不易被人们所利用。

(8)标准文献

指由技术标准及其他在特定活动领域内必须执行的规格、定额、规则、要求的技术文件所组成的一种特定形式的技术文献体系。按照使用范围,标准可分为五大类:国际标准、区域性标准、国家标准、专业标准和企业标准。标准文献具有一定的法律约束力,有严格的审批程序,是各方专家集体制定的,内容可靠,其技术信息可直接使用。标准文献的新陈代谢非常频繁,随着经济条件与技术条件的改进,需经常不断地进行修改和补充。

（9）产品样本说明书

是制造厂家和产品销售者介绍其产品的宣传性出版物。它介绍的是已投产和行销的产品，通过产品样本说明书可以了解厂家的工艺水平、管理水平和产品发展趋势方面的信息。由于产品样本说明书附大量图表、产品特性曲线、方程等，因此具有直观的特点，并且具有易于获取的优点。

（10）技术档案

是在科技生产活动中形成的一系列以工程技术图纸、任务书、协议、合同、设计方案以及与此有关的调查统计数据等材料组成的文件。技术档案具有技术性、适用性、保密性等特征。

除了以上主要文献信息类型之外，还有报纸、新闻稿、统计资料、病案等科技文献信息。在以上十类文献中，一般把图书、期刊作为普通文献，其他八种均列入特种文献。

（二）文献信息的特征

1. 出版周期缩短，数量急剧增多

信息时代科学发展、知识扩充以及人们对信息和知识需求量的增长，导致了各种记录人类科学知识的文献信息出版周期缩短和出版数量增加。

2. 内容交叉重复，分布异常分散

随着科学研究的不断深入，社会科学、自然科学间相互渗透、不断分化和综合的现象日趋严重，造成了文献信息内容交叉重复，专业文献信息的分布异常分散。就期刊而言，期刊发论文状况日益呈现布拉德福定律描述的情形。

3. 文献类型复杂，载体形式多样

文献类型复杂与载体形式多样，前面都已经介绍，这里不再重复介绍。

4. 语种范围扩大，译文数量增加

除英语占有绝对优势外，其他语种的文献信息量不断上升。

5. 获取途径日益丰富

除传统的手工检索纸介质文献途径外，现代计算机自动检索电磁光介质文献途径日显重要。而且，具体的检索路径也已大大丰富。

三、情报检索及其意义

（一）情报检索

情报检索一词来源于英语 Information Retrieval 的译义，表示将存储在检索工具中或数据库文档中的情报信息取出来的意思。美国从 20 世纪 60 年代开始使用该词，最初定名为情报存储与检索（Information Storage and Retrieval），后来简称为情报检索，据此，可以对情报检索定义为：所谓情报检索，就是从任何信息集合中识别和获得所需信息的过程。

（二）情报检索的意义

科学技术的发展具有连续性和继承性的特点。今天的社会文明由昨天的社会文明积淀、演变而来，而今天的社会文明又孕育着明天社会的文明。这不仅在人类文明史上是正确的，而且在每一个微观事例上也是如此。

没有继承就没有发展，没有借鉴就没有创新。无论是科学发现还是技术发明，科技人员都必须在前人已有成果的基础上再研究、再创造。据统计，科研工作中出现的各种问题，95%～99% 是通过借助他人的经验解决的，只有 1%～5% 的内容是靠研究者本人的创造性劳动完成的。因此，及时、准确、系统、全面地掌握与本研究领域有关的新理论、新方法、新技术、新工艺和新材料以及成功的经验与失败的教训等信息，对任何一个科技人员来说都是至关重要的，而情报检索正是获取和掌握信息的有效途径。

如上所述，随着人类社会的不断进步和科学技术的持续发展，特别是进入知识经济时代，科学技术以前所未有的高速度向前发展。

一方面，学科专业化趋势日益明显，传统的学科界限不断被打破，学科越分越细，新学科不断涌现，研究领域越来越专、越来越窄。

另一方面，学科综合化趋势日益突出，交叉学科、边缘学科、综合学科层出不穷，不同学科之间相互渗透、相互配合、相互促进、共同发展，已经成为现代科学技术发展的规律，没有哪一门科学技术可以脱离科学技术的整体水平去独立发展。这种新趋势给情报检索带来了更大的复杂性，在浩如烟海的信息面前，要想迅速、准确、全面地获取能够满足特定需要的有用信息，的确是越来越困难了。

随着大批研究成果的涌现，科技信息的数量急剧增长。如果不能合理解决数量庞大的信息与用户特定需求之间的矛盾，人们就无法避免重复劳动,就会走弯路,就必然造成人力、物力、财力和时间的浪费。另一方面,与迅速增长的信息相比,受到客观条件的限制,人们吸收和利用信息的能力并未得到相应的提高,面对大量的信息仍然不知所措,许多有价值的信息还没有被发现和利用就自生自灭了。在这种背景下,情报检索就显示出举足轻重的作用,因此,掌握、利用情报检索的方法和技术势在必行。

第二节 图书情报信息检索的类型与方法

不同的信息类型必然会有不同的信息检索类型与之相适应。随着现代信息技术及网络技术的发展,多媒体、超媒体资源不断出现,信息检索的类型也在发生变化;随着人类信息需求的不断增长,人们对信息检索方法的了解和需求也与日俱增。

一、情报信息检索的类型

情报信息检索依据检索对象、检索方式、检索性质、检索策略以及检索工具等等,有很多种划分标准,下面介绍几种不同的划分方式。

(一)按检索的性质划分

1. 超文本检索(hyper text retrieval)

指对每个节点中所存信息及信息链构成的网络中信息的检索。这种检索方式强调中心节点之间的语义连接结构,靠系统提供的复杂工具进行图示穿行和节点展示,提供浏览方式查询,可以进行跨库检索。

2. 超媒体检索(hyper media retrieval)

指对存储的文本、图像、声音等多种媒体信息的检索。它是多维存储结构,有向的链接,与超文本检索一样,可以提供浏览式查询和跨库检索。

3. 全文检索(full text retrieval)

指将存储于数据库中的整本书、整篇文章中的任意内容信息查找出来的检索。它可以根据需要获得全文中有关章、节、段、句、词等的信息,也可进行各种统计和分析。

(二)按检索方式划分

1. 手工检索(manual retrieval)

指通过手工的方式来存储和检索信息,主要以纸质载体为依托、以文献化的信息资源为检索对象，其使用的检索工具主要是书本型、卡片式的信息系统，即目录、索引、文摘和各类工具书。手工检索是信息检索的传统方式，其优点是便于控制检索的准确性，缺点是检索速度慢、工作量较大，漏检率高，查全率受信息资源储备数量的限制。

2. 计算机检索（computer-based retrieval）

指利用计算机技术、数据库、计算机网络和通信系统进行信息，通过脱机检索、联机检索、光盘检索和因特网检索的存储和检索。计算机检索是在手工检索的基础上发展起来的。随着计算机技术和通信技术的不断发展，计算机检索从单机检索向网络检索发展，从简单化向智能化、多语种等方向发展。与手工检索相比，计算机检索具有速度快、效率高、查全率高、不受时间和空间限制、检索结果输出方式多样化的优点，其不足是查准率与网络及数据库质量的高低有直接关系。

（三）按内容分类

1. 文献检索（Document Retrieval）

文献检索的对象是文献，这里所说的"文献"是指文献单元，即包含一个完整内容的单元，如一篇论文、一本图书、一份报告等，而忽略其物理载体、出版形式、加工深度等。进一步地说，这里的"文献"可以是完整的原始文献，也可以是原始文献的替代品，如一条目录款目、一条文摘款目或一条索引款目。归根结底，文献检索的目标是检索出原始文献或原始文献的替代品。供文献检索使用的数据库是义献数据库，包括目录、文摘、索引、全文等数据库。

2. 事实检索（Fact Retrieval）

事实检索的对象是某一特定的客观事实，反映事物或事件发生的时间、地点和过程等实际情况，例如，"世界上最大的空难是哪一次"，回答这个问题，事先必须有详细记载。与文献检索和数值检索不同，事实检索一般不能通过简单检索直接提供问题的答案，而必须进行比较复杂的对比、分析、推理、归纳多篇相关文献和统计数据后才能得到最终的结果。

3. 数据检索（data retrieval）

是以数值或图表形式表示的数据为检索对象的信息检索，又称为数值检索。它是利用参考工具书、数据库等找出包含在信息中的某一数字数据（电话号码、银行账号、各种统计数据、参数等）和市场行情、图表、化学分子式等非数字数据的检索。数据检索也是一种确定性检索，其检索结果通常具有唯一性。

4.图像检索（image retrieval）

指以图形、图像或图文信息为检索内容的信息检索。早期的图像检索是基于文本式的，首先由人工根据图像进行关键词标引，将图像检索变成对于图像关键词的文本检索。目前的图像检索主要是基于内容的图像检索，在目标图像集合中依据图像指定的特征或包含的内容特征进行图像的检索。要检索图像，首先要建立图像索引，描述图像的内容。目前视觉内容的索引一般可通过特征提取得到，语义信息的索引则往往要通过人机交换方式得到。

二、情报信息检索方法与途径

（一）情报信息检索方法

1.常规法

也叫检索工具法，是利用各种检索工具查找文献的方法，即是以主题、分类、著者等途径，通过检索工具获取所需文献的一种方法，这种方法又可分为顺查法、倒查法、抽查法和引文法4种。

顺查法：即由远及近的查找法。如果已知某创作或理论研究成果最初产生的年代，现在需要了解它的全面发展情况，即可从最初年代开始，按时间的先后顺序，一年一年地往近期查找。用这种方法所查得的文献较为系统全面，基本上可反映某学科专业或某课题发展的全貌，能达到一定查全率。在较长的检索过程中，可不断完善检索策略，得到较高的查准率。此法的缺点是费时费力，工作量较大。一般在新开课题时采用这种方法。

倒查法：即由近及远，由新到旧的查找法。此法多用于查找新课题或有新内容的老课题，在基本上获得所需信息时即可终止检索。此法有时可保证信息的新颖性，但易于漏检而影响查全率。

抽查法：这是利用学科发展波浪式的特点查找文献的一种方法。当学科处于兴旺发展时期，科研成果和发表的文献一般也很多。因此，只要针对发展高潮进行抽查，就能查获较多的文献资料。这种方法针对性强，节省时间。但必须是在熟悉学科发展阶段的基础上才能使用，有一定的局限性。

引文法：引文索引法可分为两种：一种是由远及近地搜寻。即找到一篇有价值的论文后进一步查找该论文被哪些其他文献引用过，以便了解后人对该论文的评论、是否有人对此做过进一步研究、实践结果如何、最新的进展怎样等。由远及近地追寻，越查资料越新，研究也就越深入，但这种查法主要依靠专门的引文索引。

2. 追溯法

又称回溯法。这是一种传统的查找文献的方法。就是当查到一篇参考价值较大的新文献后，以文献后面附的参考文献、相关书目，推荐文章和引文注释为线索而查找相关文献的一种方法。这些材料指明了与用户需求最密切的文献线索，往往包含了相似的观点、思路、方法，具有启发意义。循着这些线索去查找，不仅利用了前人的劳动成果，省却了很多时间和精力，而且可能在原来的基础上有新的发现。这是一种扩大信息来源最简单的方法，一般多利用述评、综述或专著进行追踪查找。在没有检索工具或检索工具不完整时可借助此法获得相关文献。但由于参考文献的局限性和相关文献的不同，会产生漏检。同时，由近及远的回溯法无法获得最新信息，而利用引文索引进行追溯查找则可弥补这一缺点。

3. 综合法

综合法又称为循环法，它是把上述两种方法加以综合运用的方法。综合法既要利用检索工具进行常规检索，又要利用文献后所附参考文献进行追溯检索，分期分段地交替使用这两种方法。即先利用检索工具（系统）检索到一批文献，再以这些文献末尾的参考目录为线索进行查找，如此循环进行，直到满足要求时为止。综合法兼有常用法和追溯法的优点，可以查得较为全面而准确的文献，是实际中采用较多的方法。这种检索方法多在创作人员选定了课题、制定了创作计划后才使用，或检索工具不全时使用。

4. 浏览法

浏览法是利用某学科或专业的核心期刊来查找文献的方法。具体地说就是科技人员对专业或学科的核心期刊，每到一期便采取浏览阅读的方法。该法的优点是：能最快地获得最新信息；能直接阅读原文内容；基本上能获得本学科发展的动态和水平。缺点是：科技人员必须事先知道本学科的核心期刊；由于检索的范围不够宽，因而漏检率较大。

（二）情报信息检索途径

信息检索工具是把众多的信息资源进行分析加工后，按照一定的特征标识排检组织而形成的信息集合体。信息检索就是根据用户的检索需求，分析信息的某些特征标识，然后利用检索工具进行匹配比较的过程。所谓信息检索途径就是利用信息的特征来实现信息的查找。

根据信息的基本特征，可以把情报信息检索途径分为外部特征检索途径（题名途径、著者途径、引文途径等）和内容特征检索途径（分类途径、主题途径等）两大类。

1. 外部特征途径

信息源的外部特征是指在文献载体的外表上标记的可见特征，如题名（刊名、书名、篇名等）、责任者（作者、编者、译者、专利权人、出版机构等）、号码（标准号、专利号、报告号、索取号等）。

（1）题名途径

题名途径指通过文献的题名来查找文献的途径。题名包括文献的篇名、书名、刊名、专利名称、标准名称、数据库名等，检索时可以利用检索工具的书名索引、刊名索引、会议论文索引等进行。

（2）著者途径

著者途径是指根据文献责任者名称来查找文献的途径，包括个人著者和团体著者。许多检索系统备有著者索引、机构（机构著者或著者所在机构）索引，专利文献检索系统有专利权人索引，利用这些索引，按著者、编者、译者、专利权人的姓名或机关团体名称字顺，进行检索的途径可统称为著者途径。

（3）引文途径

文献所附参考文献或引用文献，是文献的外表特征之一。利用这种引文而编制的索引系统，称为引文索引系统，它提供从被引论文去检索引用论文的一种途径，称为引文途径。

（4）其他途径

有些文献有特定的序号，如专利号、报告号、合同号、标准号、国际标准书号和刊号等。文献序号对于识别一定的文献，具有明确、简短、唯一性等特点，依此编成的各种序号索引可以提供按序号自身顺序检索文献信息的途径。

总之，以外部特征途径进行检索的最大优点是，它的排列与检索方法以字顺或数字为准，不易错检和漏检，查准率高。以文献外部特征作为检索途径适宜查找已知文献题名、作者姓名或序号的文献。

2. 内容特征途径

信息源的内容特征是文献所载的知识信息中隐含的、潜在的特征，如分类、主题等。以文献内容特征作为检索途径更适合检索未知线索的文献。

（1）分类途径

分类途径是指按照文献所属学科（专业）属性（类别）进行检索的途径。分类途径是以课题的学科属性为出发点，按照学科分类体系，利用学科分类表、分类目录或分类索引等进行检索。按分类途径检索文献便于从学科体系的角度获得较系统的文献线索，即有族性检索功能，便于从学科所属范围来查找文献资料。

分类途径可把同一学科的文献信息集中检索出来，但一些新兴学科、边缘学科的文献难以给出确切的类别，易造成误检和漏检，因此从分类途径查找文献，一定要掌握学科的分类体系及有关规则。

（2）主题途径

用规范化词语来表达文献信息的内容特征的词汇叫作主题词。主题途径是按照文献信息的主题内容进行检索的途径，利用能代表文献内容的主题词、关键词、叙词，并按字顺排列实现检索。

利用主题途径检索文献关键在于分析检索目标的核心、提炼主题概念，并能运用合适的词语来表达主题概念。主题途径是一种主要的检索途径，表达概念灵活、准确，能集中反映一个主题的各方面文献资料，所获得的检索信息专指性强，便于读者对某一问题、某一事物和对象做全面系统的专题性研究。

（3）其他途径

利用事物的某种代码编成的索引，如分子结构式索引、环系索引等，可以按特定代码顺序进行检索。还有某些专门项目途径，如按文献信息所包含的或有关的名词术语、地名、人名、机构名、商品名、生物属名、年代等的特定顺序进行检索，可以解决某些特别的问题。

第三节 图书情报检索语言分析

人们在社会生活中必然要学习运用自然语言，学习计算机程序设计必须掌握程序设计语言，同时，学习信息检索就必须对信息检索语言有较为深入的了解。

一、检索语言概述

信息检索语言就是信息组织与信息检索时所用的语言。信息资源在存储过程中，其内部特征（分类、主题）和外部特征（书名、刊名、题名、作者等）要按照一定的语言习惯加以表达，检索文献的提问也要按照一定的语言来表达，为了使检索文献过程快速、准确，检索用户与系统需要统一标识，这种在文献的存储和检索过程中，共同使用、共同理解的统一标识，就是检索语言。

检索语言又称情报语言、情报存储与检索语言、标引符号、标识系统、文献语言、文献工作语言、索引语言、标引语言等。世界上有多种检索语言，如《杜威十进分类法》《国际十进分类法》《冒号分类法》《中国图书馆分类法》《中国人民大学图书馆图书分类法》《汉语主题词表》等。

检索语言有广义和狭义之分，广义的检索语言泛指信息检索过程中涉及的人工语言和自然语言。人工语言是根据一定的规则人为编制而成的检索语言，具有严格的使用规则，用于表述文献主要内容，建立信息检索系统。自然语言是人类交流时使用的语言，未经加工和规范。将自然语言用于检索，符合用户日常表达的习惯，显现出信息检索系统的亲和力和易用力。狭义的检索语言仅指根据信息检索的需要，按照一定的规则对自然语言进行规范，并专门用于信息标引和用户检索的人工语言。

检索语言由词汇和语法两部分组成。词汇是登录在类表、词表中的全部标识，一个标识（分类号、检索词、代码）就是它的语词，而分类表、词表则是它的词典；语法是指如何创造和运用那些标识（单个标识或几个标识的组合）来正确表达信息内容和信息需要，以有效地实现信息检索的一整套规则。

与其他语言相比，信息检索语言突出的特点包括以下几个方面。

第一，具有必要的语义和语法规则，能准确地表达各学科领域中的任何标引和提问的中心内容和主题。

第二，具有表达概念的唯一性，即同一概念不允许有多种表达方式，不能模棱两可。

第三，具有检索标识和提问特征进行比较和识别的方便性。

第四，既适用于手工检索系统，又适用于计算机检索系统。

检索语言的种类很多，按表达文献的特征可以将其分为描述内容特征的语言和描述外部特征的语言。其中，描述内容特征的语言与文献内容的关系紧密，文献的内容特征就是指其所描述的主题、观点、见解和结论等；描述外部特征的语言与文献内容关系不太紧密，包括题名语言、著者语言、号码语言等。对文献的主题、观点、见解和结论等内容进行表达的检索语言就是内容特征语言，它分为分类语言和主题语言。分类语言包括体系分类语言、组配分类语言和混合分类语言。主题语言分为标题词语言、单元词语言、叙词语言和关键词语言。

目前，在信息的标引存储和检索应用过程中，应用最广的就是体系分类语言、叙词语言和关键词语言。

信息检索语言的质量对信息检索效率有着重大影响，在实际的信息检索过程中，要保证信息检索的实施达到满意的效果，对信息检索语言提出了一些共同的基本要求。

（一）检索效率高

较高的查全率和查准率，并使漏检率和误检率控制在允许的范围之内是任何一种信息检索语言必须具备的基本要求。

（二）标识范围广

信息检索语言使用的标识越多，就越能准确地概括信息的外部特征和内容特征，进而从不同方面、不同途径、不同层次满足检索的要求。

（三）操作使用简单

检索语言必须易于标引和检索。保证"易标""易检"的因素主要有：语词或代表符号的含义必须明确而不能含混不清；语言概念要丰富，概念面要广，当遇到的文献信息才能有类可归，有号可用；标识的可观性，使标引人员和检索人员易于识别和理解；查词、查号手段多样，便于标引人员和检索人员从各种角度都能方便地查到所需的标识。

（四）兼容性强

每一种信息检索语言都有自己的特点，但又不应忽视检索语言之间的相互交流及推广使用，这就要求实现各种信息检索语言的兼容性，即检索语言应该具备与其他信息检索语言的兼容性。不仅要适应当前信息检索自动化和网络化的发展趋势，更向国际标准化靠拢，以求达到更大范围的兼容。

（五）通用性强

检索语言不仅应该能适应传统检索设备，同时也需要适应非传统检索设备。传统检索设备通常指普通卡片式目录、书本式目录。非传统检索设备通常指机械式检索系统、充电式检索系统、电子计算机检索系统等。每种检索方式、检索设备都有一定优缺点和适用范围。好的信息检索语言应能适应多种检索方式和检索设备，使其发挥更大的效力。

二、分类检索语言

分类检索语言是以学科范畴和学科体系为基础来划分事物的一种检索语言。在信息存储和检索中，它是一种对信息内容的概念进行逻辑分类和有规律地系统排列而构成的检索语言，并以分类表的形式体现，分类检索语言最明显的特点是系统性，具有族性检索的功能，有利于人们从学科专业的角度进行全面性的检索。但分类检索语言是用字母或数字表示的，不具有感情色彩，需要用户进行概念转换。

三、主题检索语言

主题检索语言是用能反映信息内容的主题概念的词语作为标识的一类检索语言。主题检索语言可分为标题词检索语言、单元词检索语言、叙词检索语言、关键词检索语言。

（一）标题词检索语言

标题词检索语言是指从自然语言中选取并经过规范化处理，表示事物概念的词、词组或短语。标题词是主题语言系统中最早的一种类型，它通过主标题词和副标题词固定组配来构成检索标识，只能选用"定型"标题词进行标引和检索，因此在反映文献主题概念方面必然受到限制，不能适应时代发展的需要，目前已较少使用。

（二）单元词检索语言

单元词检索语言是指能够用来描述信息所论及主题的最小、最基本的词汇单位，以规范化的、能表达信息主题的单元词集合构成单元词语言。单元词检索语言是通过若干单元词的组配来表达复杂的主题概念的检索语言。单元词检索语言多用于机械检索，宜用简单的标识和检索手段（如穿孔卡片等）来标识信息。

（三）叙词检索语言

叙词检索语言是以概念为基础的、经过规范化和优化处理的、具有组配功能并能显示词间语义关系的、动态的词或词组。一般来讲，这里所说的叙词具有概念性、描述性、组配性，经过规范化处理后，还具有语义的关联性、动态性、直观性。叙词检索语言综合了多种信息检索语言的原理和方法，具有多种优越性，适用于计算机和手工检索系统，是目前应用较广的一种语言。

（四）关键词检索语言

关键词检索语言是指出现在文献标题、文摘、正文中，对表征文献主题内容具有实质意义的语词，是揭示和描述文献主题内容的关键性语词。由于关键词检索语言主要用于计算机信息加工抽词编制索引，因而称这种索引为关键词索引。在检索中文医学文献中，使用频率较高的CMCC数据库就是采用关键词检索语言建立的。

四、分类语言和主题检索语言的比较

（一）分类检索语言和主题检索语言的区别

分类检索语言和主题检索语言是从文献的主题出发，从不同的角度揭示文献内容。分类检索语言的类目和主题检索语言的标题从某种意义上来说都是主题。两者既有共性，又各具特性。

1. 在主题概念的表达上

分类检索语言的一个显著特点是用码号（如字母或数字）作为文献的标识，标引或检索时都必须使用分类号；主题检索语言则直接以自然语言中的词语作为标引和检索的标识。

2. 在主题概念的组织上

分类检索语言主要是按学科体系或逻辑体系组织的，由于分类体系不是显而易见、易于掌握的,因此读者在使用分类检索工具或检索系统时,往往难以确定新主题、细小主题及复杂主题在体系中的准确位置;主题检索语言是按词语的字顺来组织主题概念的,因而可以依名检索。

3. 在主题内在关系的显示上

分类检索语言中主题内在关系主要通过上位类、下位类、同位类,以及交替类目、参见类目和类目注释来显示,因而分类检索语言的系统性、等级性强,便于进行浏览性检索,并可以根据检索的需要进行扩检和缩检;主题检索语言中,主题内在关系主要通过建立词间参照系统的方式来显示或者通过辅助索引进行分类显示,所以在主题词表中,相关主题之间的关系难以直接地、一目了然地展示出来。因此在族性检索,尤其是较大范围课题的检索中,分类检索语言比主题检索语言更具优势。

4. 在标引方法上

使用分类检索语言标引时,主题分析的重点是辨别、确定文献主题的学科性质,以便进一步确定所属类目;使用主题检索语言标引时,主题分析的重点是辨明文献主题各构成因素之间的关系,区别论述对象的中心部分和次要部分,以便选定中心主题概念。分类检索语言表现的是族性,主题检索语言表现的是特性。

(二)分类检索语言和主题检索语言的优、缺点

1. 分类检索语言的优、缺点

优点:系统性强,适合族性检索,便于按学科、专业直接检索比较广泛的课题;查全率较高;既能组织藏书排架,又能编辑目录索引检索工具。

缺点:缺乏专指性,查准率不高,不能满足专深课题及新兴学科、交叉学科和边缘学科知识的检索;使用起来不方便,必须借助于专门的分类表之类的工具书。

2. 主题检索语言的优、缺点

优点:直接性强,表达概念较为准确和灵活;与课题有关而分散在各个学科中的信息资源可集中起来;有利于查全和查准,便于扩检或缩检。

缺点:不能从学科体系来探索问题;新生概念没有适合的主题词,使用主题词检索具有一定的局限性。

第四节 图书情报检索工具分析

信息检索工具是指根据一定的社会需要,将某一方面的知识材料,以特定的方法加以编排组织,专供人们检索文献资料的工具。知识性、资料性、检索性是信息检索工具最本质的特征。检索工具按检索手段可分为手工检索工具和机器检索工具。手工检索工具多为纸质载体,有卡片、图书、连续出版物等类型。手工检索工具直观,不需借助辅助设备,但检索途径少,更新速度慢。机器检索工具借助一定的机器设备存储文献信息,实现信息的整序与检索,机器检索工具以计算机检索工具为主。计算机检索工具存储量大、内容更新快、检索途径多、检索速度快,借助网络,信息传递可不受时空限制。因此,大多数检索工具同时出版印刷版和电子版,或以电子版为主。电子版检索工具以光盘、移动硬盘为载体的多为单机版,以服务器、大型存储阵列为载体的多为网络版。

一、检索工具的功能与构成

(一)检索工具的功能

检索工具是指以压缩形式存储、报道和查找信息的工具。它按一定的规则和方式,将分散、无序、数量庞大的信息著录款目集合起来。检索工具的功能可用存储、浓缩、有序化、检索、报道几个词来概括。

1. 存储

即将大量分散的不同类型的文献以篇、种或词语为单位进行加工整理,使文献中的知识信息流变成一条条的文献线索,集中于一体,成为情报信息系统。

2. 浓缩

检索工具存储的是一批文献的情报信息特征,而非文献原文,故具有高度浓缩性。

3. 有序化

检索工具对文献进行了由广到精、由分散到集中的组织工作,并将其按一定体系组织起来,使众多的文献信息具有系统性、条理性和被利用的可能性。

4. 检索

检索工具都具有特定的结构，以供读者从不同的角度查找。有的可通过手工检索，有的可利用机械化及各种现代化手段进行检索。检索者只要是选用了自己熟悉的检索工具，并按一定的方法和途径进行，就可以在所选择的检索工具中找到所需文献的线索，进而去获取所需的原文。

5. 报道

检索工具总是集中了某学科、某专业或多学科的大量的文献线索，读者只需用较少的时间和精力就可以通过它了解和掌握有关学科或专题的发展水平、成就和发展趋势，从而确定所需文献的选择。

（二）检索工具的构成

检索工具就是人们用来对文献信息进行存储、报道和查找的工具。它是在对大量一次文献进行加工、整理的基础上形成的有序的，能对一次文献进行有效管理和利用的，可供检索的二次文献。一部完整的文献检索工具，应由编辑说明与使用凡例、分类表和主题词表、正文、辅助索引、资料来源目录与附录等部分组成。

1. 编辑说明与使用凡例

各检索工具为使用户了解该工具的适用范围和使用方法，都以简练的文字介绍检索工具的编辑方针、选题原则、学科范围、出版沿革、检索示例、各部分的功能和体例、查阅方法及注意事项等，有的还介绍原始文献的订购渠道、方法、价格等。这一部分是编制者为检索工具使用者提供的必要指导，使用前应仔细阅读，以便能有效地利用检索工具。

2. 分类表和主题词表

分类表用于检索工具正文的编排和浏览性检索，它通常与目次表合为一体。主题词表用于主题索引的编制和检索，帮助控制词汇并提示各主题词间的关系。它们是编制和使用检索工具时必备的辅助工具。

3. 正文

正文是检索工具的主体，它由大量的对一次文献各种特征（内容特征和外表特征）详细描述的款目组成，这些款目要按一定的次序编排。不同的检索工具，其正文的排序方式可能会不同。多数检索工具正文都采用分类次序编排，其分类体系有的比较简略，有的比较精细，排序方法或按分类号顺序，或按分类类目名称字顺排列，少数检索工具正文按主题词字顺编排。

4. 辅助索引

为了提高检索效率，检索工具的编制者总是设法给使用者多提供一些检索途径。因此一般的检索工具除主体部分的款目按一定的体系编排外，都会另附辅助索引。辅助索引是用户查阅正文的主要工具，通过设置多种索引，可以为用户提供多种查找文献的途径。完整的索引由一批索引款目和参照系统组成。

5. 资料来源目录与附录部分

资料来源目录又称"引用期刊一览表"或"来源出版物索引"，是检索工具的一次文献的清单，主要是期刊。一般包括出版物名称缩写、全称、代号、编辑出版机构、出版沿革、出版周期、收藏单位等事项。它一方面帮助用户准确了解检索工具的收录范围情况；另一方面帮助用户准确鉴别文献的来源及出处，以便在需要时顺利获得原文。

检索工具这五个部分是相互关联、不可分割的。需要说明的是，检索工具大多是连续出版的，第一、第五部分可能不会在每期中都出现，为节省篇幅和纸张，有些检索工具只在每年（或每卷）的第一期中刊印这两部分内容。第二部分的主题词表一般都单独出版，且不断修订。

二、手工检索工具

手工检索工具是人们用来报道、储存和查找各类信息的系统化文字描述工具，包括二次、三次传统印刷型的检索工具。手工检索工具也有不同的分类依据。

（一）按著录信息的特征划分

1. 目录

目录（catalogue）又称为书目，是对图书、期刊或其他单独出版物特征的揭示和报道。目录以单位出版物为著录对象，一般只记录文献的外部特征，主要的著录项目有题名、著者、出版年月、出版地、载体形态等。目录的种类很多，根据编制目的及社会职能，目录可分为以下几种：

（1）专题目录

专题目录为一定范围的用户全面系统地揭示与报道关于某一特定学科、

某一专门研究方向或研究课题的文献而编制的图书报刊文献目录，具有很强的针对性。

（2）馆藏目录

馆藏目录揭示一个图书馆或文献情报机构收藏图书报刊情况的目录。有卡片目录和书本式目录两种。卡片目录通常配有分类目录、书名目录和作者目录，供用户从不同的途径去检索。书本式目录是馆藏目录的印刷型，可为到馆的用户查阅使用，也可为不到馆的用户提供函借或复印。

（3）联合目录

联合目录揭示和报道某个地区、系统，乃至全国的图书馆或文献信息情报机文献收藏情况的目录。把分散在各馆的书刊用目录连成一体，用户既能查到所需书刊，又能知道该书刊的馆藏所在，以便就近借阅。

（4）国家书目

国家书目揭示某一时期国家出版的各类图书的总目。

2. 题录

题录（title）是对单篇文献外表特征的揭示和报道，一般有篇名、著者、著者单位、文献来源、语种等著录项目。它在揭示文献信息的内容上比目录更进一步，具有收录范围广、报道速度快的特点。题录一般不做过多的加工，仅列出篇名、著者、出处，在形式上和功能上分别与目录和索引有相似之处。

3. 索引

索引（index）是指将信息中所包含的主题词、分类号、著者、题名、引用文献、刊名、篇名等内容摘录处理，并注明它们所在图书、期刊或检索工具中的位置，然后按照一定的规则编排组织起来所形成的检索工具。索引条目通常有标目（heading）、说明语和存储地址三个著录项目。

索引是检索者与检索工具之间的桥梁，其目的是指引某知识单元所在的位置。在揭示书刊内容方面，索引比目录更深入细致，可以帮助读者检索到散见于书刊中的资料。

4. 文摘

文摘（abstract）是以精练的语言把文献信息的学术观点、主要内容、数据及结构准确地摘录下来，并按一定的著录规则与排列方式编排起来，供用户使用的一种检索工具。文摘通常以一个内容上独立的文献单元为基本著录单位。根据文摘的目的与用途，文摘可以划分为指示性文摘、报道性文摘和评论性文摘。

（二）按所收集信息的学科内容划分

1. 专题性检索工具

仅限于收录某一特定类型的信息，收录的学科范围可窄可宽。主要包括科技报告文摘、学位论文索引、专利索引、会议文摘、标准目录等。

2. 专科性检索工具

收录的范围仅限于某一学科领域，适用于检索特定的专业信息。

3. 综合性检索工具

收录范围和涉及学科比较广，信息语种和类型多，一般都具有较长的历史，提供多种检索途径，是科研工作比较常用的检索工具。

三、计算机检索工具

计算机检索工具就是计算机检索系统。计算机检索系统是借助计算机技术、通信技术、光盘技术、网络技术等信息技术建立的存储和检索信息的检索工具。检索系统由硬件和软件组成，硬件主要包括计算机主服务器、检索终端、数据输出设备等。软件主要包括检索程序和数据库等。检索时，将符合检索需求的提问式通过检索终端向检索系统发出请求，检索系统在选定的数据库中执行匹配运算，然后将符合要求的检索结果按一定的格式输出。计算机检索系统具有检索效率高、响应速度快等特点，但是成本和检索费用较高。计算机检索系统又可以分为光盘检索系统、联机检索系统和网络检索系统。

（一）光盘检索系统

光盘检索系统是指利用光盘数据库作为信息资源数据建立起来的计算机信息检索系统，可分为单机版和网络版。单机版光盘检索系统结构非常简单，主要由计算机、光盘驱动器及光盘数据库构成；网络版光盘检索系统是在计算机局域网的基础上发展起来的，除局域网上的各类计算机与服务器外，它还需要一系列用于光盘网络的硬件和软件。光盘检索系统除可提供追溯检索、定题服务外，还可用于"自建库"和做联机检索前预处理。

光盘检索系统的优点。

第一，具有联机检索所不具备的优点：它检索系统配置简单、不受机时限制、检索费用低、操作简便灵活、允许反复修改检索策略及充分的屏幕显示，直至检索到满意的结果。由于是在微机上运行，建立光盘检索系统只要一台光盘驱动器和所需的盘片，不需经过通信线路，即可构成系统。这就避免了使用联机检索所必须使用的通信设施，并可节约使用联机系统时的电讯费、联机系统使用费，同时也可免除远距离电讯传输时可能出现的通信失误。光盘是批量生产、成本较低，且光盘的费用是一次性投入，可多次任意使用，利用率越高，分摊的成本越低。一旦订购了光盘数据库，光盘检索系统的使用量就没有限制，也就没有太大的经费压力。对于通信网络尚不发达、联机检索费用昂贵或没有国际终端的地区和单位，光盘检索的优势就格外突出了。

第二，有利于资源共享。用户可以很方便地将光盘上的部分数据套录到软盘或其他计算机信息系统里，变成本部门或个人的小型数据库以便随时查询，提高了资源共享的程度。

第三，有利于用户培训。用户可在光盘上进行必要的人机对话，了解检索范围、检索策略和有关指令，优化检索策略，这样可以大大减少机检时间，节省上机费用。

第四，光盘数据库可以提供文本、图像、声音和动态图像等信息。界面生动、直观，可以提高阅读者的兴趣。

（二）联机检索系统

联机检索系统是指信息用户利用终端设备，通过国际通信网络与世界上的信息检索系统进行直接的人机对话，从检索系统的数据库中找出人们所需信息的检索系统。联机检索系统是计算机技术、信息处理技术和现代通信技术三者的有机结合，是一个典型的计算机检索系统，能完成数据收集、分析、加工处理、存储、传递通信和信息的检索。

与其他检索工具或检索系统相比，联机检索具有以下几个非常明显的特点：

1. 检索速度快，资料全，信息质量高

联机检索可以在3~5分钟内检索一个或多个课题，也可以在3~5分钟内检索一个或多个文档，对一个专题或交叉学科的课题，可以在3~5分钟内进行全面的检索，一次性地将分散在各个学科数据库中的有关文献检索出来。而且，联机检索系统对数据库的信息进行细致、严格、有序的组织与管理，同时滤去了很多无用的信息，信息的可靠性和价值性也相对较高。

2. 检索内容丰富

联机系统中含有丰富的信息资源。据统计，世界上公开出版发行的文献中，90%都可以通过几个主要的联机检索系统查到。仅世界上最大的国际联机检索系统DLALOG就拥有600多个联机数据库，一个数据库有数百万、数千万甚至上亿条的文献记录，其内容涉及40多个语种及占世界发行总量60%的六万多种学术期刊，几乎涉及全部的学科和生活的各个领域。

3. 检索内容新，实时性强

联机检索系统为了满足用户对信息及时性的要求，不断定期更新数据库的内容，而且更新周期在加快。例如，Dialog系统的工程索引每周更新，报纸类的数据库每天更新，商情数据库的更新也很迅速，有的每天更新，有的随时都在更新。另外，联机系统一般都是昼夜服务的，当用户遇到某些紧急的检索课题（如商业谈判、医疗救急或者政治与外交方面的紧急课题等）时，随时都可以利用终端向联机系统提出紧急信息咨询检索，及时获得答案。

4. 查全率和查准率高

联机检索系统一般都提供多种检索方式和检索途径（数据库记录中的可检字段），而且支持布尔逻辑检索、字段限定检索、截词检索等检索技术，所以它既能满足高查全率的课题用户，也能满足高查准率的课题用户。例如，DIALOG系统一般数据库都可以向用户提供10种以上的检索途径，有的数据库甚至提供多达96种的检索途径。用户可以根据需要，选定文献记录的任何可检字段作为检索途径，利用系统提供的逻辑组配功能，进行"人机对话"式检索，随时分析判断检索结果，根据需要不断地调整修改检索策略，直到获得满意的检索结果。

5. 检索结果输出方式灵活、实用

联机检索的结果可以立即联机显示、阅览与打印出来，也可以采用脱机打印方式，还可以利用计算机终端和套录技术联机快速地将检索结果存储在计算机终端的磁盘上，然后脱机再按照用户的需要进行编辑整理后打印出来，或者加入用户自建的专题数据库中。联机检索系统还提供多种记录输出打印格式。除了系统提供的各种固定的记录数据格式外，用户还可以根据需要自定义输出打印格式,既可将完整的文献记录打印出来,也可以只打印记录中的某个或几个字段。此外,大多数系统还具有排序输出打印的功能。利用这种功能,用户可以方便地建立各种索引和小型专题数据库,或编制各种信息资料通报、目录与手工检索刊物。

6. 检索系统安全,可靠性高

联机检索系统都固定地属于某一机构或公司,采用集中管理的模式,在很大程度上确保了检索系统的安全性能,确保了数据的稳定性和可靠性。而且,联机检索系统都有自己的通信网络、专用通信软件以及较为完备的安全认证技术,从而保证了系统的安全。

(三)网络检索系统

网络检索系统是通过 Internet 提供网络数据库、出版物、书目、动态信息等网上信息资源查询和利用的检索系统。一般由计算机服务器、用户终端、通信网络、网络数据库等组成,其特点是方法简单、灵活、方便、资源丰富、时效性强、检索方便、费用低。网络检索系统是目前发展最快,最受人们欢迎的信息检索系统。人们能够很容易地通过互联网访问到文字、图像和音频等数字化资源,检索到科技信息、商贸信息、经济信息、时事新闻等信息。

第五章 图书馆信息资源建设的方法

第一节 图书馆信息资源的采集

一、信息资源采集的原则

信息资源采集是指根据信息用户的需求，寻找、选择相关信息并加以聚合和集中的过程。不同的用户对信息需求是有差别的，这样在信息资源采集时也会有很多不同之处。尽管如此，在信息资源采集过程中，还是需要遵守以下共同原则。

（一）目的性原则

目的性原则又可以认为是"针对性"原则。信息数据庞大，内容繁杂，但用户的需求又是一定的，因此要求信息资源采集必须具有明确的目的性。在信息资源采集过程中，针对信息服务机构本身的特征、服务对象及信息资源采集的范围，有目的、有重点、有选择地组织利用价值大、适合主要用户群的信息，有计划、有步骤地采集信息，做到有的放矢，以最小的代价最大限度地满足用户信息需求。

（二）主动性原则

信息的时效性特点决定了要采集到能够及时反映事物的最新状态的信息，就要求信息资源采集人员在充分了解用户的实际信息需求的基础上，熟悉信息资源采集渠道和途径，利用先进的信息资源采集技术和方法，建立系统完善的信息资源采集网络，依据不同的对象和条件，针对需要，积极主动地发现和获取最新信息。

（三）连续性原则

从信息资源采集的初始阶段开始，就需要不断补充新的信息，这种补充不仅要采集过去的信息，还要采集现在的信息，并尽可能采集反映未来趋势的信息，保持信息资源的连贯性。同时，信息资源尤其是网络信息资源更新快、时效性强，决定了在信息的传递、增值过程中，可能呈现新的态势，这就需要不断剔除旧的或老化的信息，甚至重新采集。因此，可以说，信息资源采集是一个连续性的工作。

（四）经济性原则

信息资源采集是一项耗费人力、物力和财力的工作，为了提供信息资源采集的效率，必然要注意经济性原则，同样的信息，如果有多种不同的载体形式，就应该注意优先选择较经济的载体。在实施经济性原则时，有以下两个问题要特别注意：

第一，避免信息资源的交叉重复采集，尤其是考虑到大量电子信息资源内容相同，只是载体、形式的差异情况，必须选择合适的信息源和信息资源采集方法与技术。

第二，充分考虑信息服务机构的实际经济水平，量力而行，避免盲目采集造成资源与资金的浪费。在谋求信息真实性的基础上，处理好社会效益与经济效益、整体效益与局部效益的关系。

（五）计划性原则

信息采集时，既要满足当前需要，也要照顾好未来的发展；既要广辟信息来源，也要做到持之以恒。要根据信息采集机构的任务、经费的情况制订比较周密、详细的采集计划和规章制度，详细列明有关信息采集的目的、范围、方式，以及人员配置、时间限定、经费数额和来源等情况。

（六）科学性原则

在信息采集过程中，需要经常采用科学方法研究信息资源的分布规律，选择和确定信息密度大、信息含量多的信息源。例如，图书馆在学术网站选择上，就可以利用布拉德福等文献计量学方法，确定一定数量的有学术价值的网站作为信息源，来进行信息资源采集工作。

（七）可靠性原则

可靠性原则是指信息资源采集人员进行信息资源采集时，要根据用户的需求，以采集真实、可靠的信息为准则。信息资源采集必须坚持调查研究，通过比较、鉴别，采集真实、可靠、准确的信息，在这个过程中，不能将个别当作普通,将局部视为全局,要实事求是,善于去粗取精、去伪存真、由表及里、深入细致地了解各种信息资源的信息含量、实用价值,及可靠程度。

（八）系统性原则

系统性是指时间上的连续性和空间上的广泛性,应尽可能全面地采集符合本单位所需要的信息,注意重点需求信息的连续性和完整性。用户需求的系统性决定了信息资源采集的系统性。信息资源使用对象是由不同年龄结构、文化结构、知识结构组成的用户群系统,他们对资源的需求和使用,在类别和类型上、在时间和水平上、在范围和深度上,都有一定的专指性和系统性。要满足各种用户的系统需求,就要求在信息资源采集过程中多方位、全面采集信息并始终保持各类信息的合理比例,做好总体规划。

二、信息资源采集的方法

信息资源采集方法是指根据信息采集计划,广泛开辟信息来源,及时将信息采集到手的基本方法。信息采集方法有很多,通常可以按以下标准来进一步细分。

（一）按信息载体形式划分

按信息载体形式,可将其进一步细分为:

第一,文件研究法。文件研究法是指从各种文件中寻找所需信息资源的方法。

第二,报刊摘录法。报刊摘录法是指通过对报刊进行摘录来获取所需信息资源的方法。

第三,广播收听法。广播收听法是指通过收听广播来获得所需信息资源的方法。

第四,电视收看法。电视收看法是指通过收看电视来获取所需信息资源的方法。

第五,电信接收法。电信接收法是指通过电话和电报来获取所需信息资源的方法。

第六,电脑展示法。电脑展示法是指通过电脑来获取所需信息资源的方法。

第七,直接交谈法。直接交谈法是指通过两个或者两个以上人员的面对面交谈来获取所需信息资源的方法。

第八，信件询问法。信件询问法是指通过信件来获取所需信息资源的方法。

（二）按信息采集方式划分

按信息采集方式可将其进一步细分为：

第一，定向采集法。在采集计划范围内，对某一学科、某一国别、某一特定信息尽可能全面、系统地进行采集的方法称为定向采集法。

第二，定题采集法。根据用户指定的范围或需求有针对性地采集信息的方法就是定题采集法。这种方法能使用户及时掌握有关信息，针对性强，但较为被动，而且由于题目具体，涉及面既深又专，难度较大，因此一般应用于科研活动中。

第三，现场采集法。参加展览会、展销会、订货会、科技成果展示会、交易会、现场会、参观访问等，都会接触到一些实际的东西，而且往往有详细的介绍或资料，这是采集信息的好方法。

第四，社交采集法。社交采集的形式多种多样，如参加各种会议、旅游、舞会、聚会、走亲访友、娱乐、网络交流等。通过社交活动获取的信息一般都是最新的，是其他途径得不到的。

第五，间谍采集法。间谍采集法是指利用间谍窃取所需信息资源的方法。目前，该方法广泛用于采集政治、经济、军事等方面的信息资源。

第六，主动采集法。主动采集法是指针对特定需求或是根据采集人员的预测，事先发挥主观能动性，赶在用户提出要求之前即着手采集工作。

第七，定点采集法。定点采集法是指聘请专门的信息采集人员定点采集相关信息资源。此法具有节省费用、采集全面等优点。

第八，委托采集法。由于时间、精力有限，或是不熟悉信息源，可以委托某一信息机构或信息人员进行采集，并且根据采集的质量来支付一定费用。这种方法花费较多。

第九，跟踪采集法。跟踪采集法是指根据需要对有关信息资源（某一课题、某一产品或某一机构的有关信息）在一段时间内进行动态监视和跟踪，及时采集出现的一切新情况、新信息。用这种方法采集的信息连续且及时，有利于掌握事件发生及发展的过程，及时了解关心的问题。这对于深入研究跟踪对象很有用处。

第十，积累采集法。平时读书看报时，应随时做卡片、剪报、藏书等信息积累，这些零星的片段信息，时间长了就会成为系统的信息财富。

（三）按信息采集的渠道划分

按信息采集的渠道可将其进一步细分为以下两种采集方法：

第一，单向采集法。单向采集法是指对特定用户需求，只通过一条渠道来采集相关信息资源，这种采集方法的针对性强。

第二，多向采集法。多向采集法是指对特殊用户的特殊要求，进行多渠道地采集相关新消息资源。这种采集方法的成功率极高，但是，容易相互重复。

三、信息资源采集的程序

图书馆信息资源采集包括需求分析、信息源的评价与选择、信息资源采集策略确定、采集活动实施、采集效果评价和解释五个基本程序。

（一）需求分析

信息需求是信息资源采集的动力，在信息资源采集中，明确信息需求就是要清楚目标用户为了何种目的，需要什么样的信息，表现在以下五方面。

第一，目标用户的确定。不同用户，不同目标，采集内容存在一定的差别，在进行采集活动之前必须明确目标用户及他们使用信息的目的。

第二，确定采集信息的内容。了解采集目标和需求后，还应该进一步明确采集信息的内容。这是通过与信息资源采集目标和需求具有一定相关性的信息的特征来确定。

第三，确定采集的范围。这里的采集范围包括采集信息的时间范围和采集信息的空间范围两方面。其中，时间范围体现了信息的时效性，指信息发生的时间与信息资源采集目标和需求所要求时间的相关性，它决定了所需采集信息的时间跨度。空间范围体现了信息的空间分布特性，指信息发生的地点与信息资源采集目标和需求所要求的空间上的相关性，它决定了所需采集的信息的空间范围。

第四，确定采集量。采集工作的人力、时间和费用等都是由采集的信息数量决定的，因此在这个阶段需要有明确的信息资源采集数量。

第五，其他因素。除了上述因素外，在需求分析阶段需要根据需要确定其他一些因素，如信息环境、信息的可获取性、信息表达的易理解性等。

（二）信息源的评价与选择

信息源指的是获取信息的来源，不同的划分标准就有不同种类的信息源。例如，图书信息源、期刊信息源、特种文献信息源和非文献信息源等是根据出版形式进行划分的；印刷型信息源、缩微型信息源、机读型信息源和视听信息源等是按照载体形式进行划分的；一次信息源、二次信息源、三次信息源是根据信息源的加工级次与加工方法进行划分的；正式信息源与非正式信息源是根据信息源的组织形式进行划分的；内部信息源和外部信息源是根据信息源的范围进行划分的；公开信息源和秘密信息源是根据信息源的保密性进行划分的。此外，还有其他一些划分标准，如根据信息源的形态、用途、信息源与时间的关系等。

为了有效地选择和利用信息源，就必须实现对各种信息源的性能、质量进行评价。信息源评价的标准主要从信息源本身所能提供的信息价值和信息收集的角度两方面进行。具体有以下八个指标。

第一，信息量。信息量包含两方面的内容：一是信息源所含的信息量，如信息源容量大小、信息记录的条数等；二是相对其他信息源，该信息源提供的对用户有用信息的量。

第二，可靠性。信息源可靠性标准是评价信息源的首要标准。可靠性不仅要考察信息源本身，而且还要考察所提供的信息内容，判断指标主要有信息源的公开性和合法性、信息源及其信息内容责任者的权威性、信息源的关联性（被推荐、被引用等）、信息内容的真实可靠性和信息内容是否能真实有效传递等。

第三，新颖性。信息源的新颖性是指信息源中是否包含新观点、新理论、新技术、新假设、新设计和新工艺等新的内容。此外，信息源是否能经常更新也是保证其新颖性的主要措施。没有更新的信息源，在一定时期后，对用户来说会失去其新颖性。

第四，及时性。信息必须在尽可能短的时间内被发布报道和传递，即通过从信息的产生、传播到信息被接收的时差来衡量信息是否及时。

第五，系统性。系统性是指信息源中收集的信息是否系统完整，是否连续出版，能否通过信息的累积反映一定时期内事物的变化。

第六，全面性。全面性指信息源所含信息的广度和深度，包括信息源所收录信息的主题范围是否集中在更宽的领域,是否包括相关的主题,是否包括多语种、多版本信息,以及加工程度等。

第七,易获取性。易获取性指信息源中提供的信息是否能够被用户获取,以何种方式和途径获取,有无技术要求,提供信息是否有阅读设备要求,是否有获取权限要求,以及能否稳定获取等。

第八,经济性。经济性主要指从信息源中发现信息、提取信息,直至传递和使用过程中的经济耗费。衡量信息的经济性主要是以其最低消耗,最小损失,最快地获取信息,以及获得的信息是否符合用户需求,即查准率、查全率、用户满意度指标来反映。

(三)信息资源采集策略的确定

不同的信息资源采集需求和信息源需要采用不同的信息资源采集策略。具体而言就是确定信息资源采集途径、信息资源采集的方法和信息资源采集的技术,并制订采集计划。根据信息资源采集者与信息源的相互关系,可以将信息资源采集途径分为直接和间接途径。其中,直接采集是指采集者对信息源中信息的直接获取;间接采集是指借用采集工具,对信息的间接获取,如搜索引擎技术的使用。

制订信息资源采集计划,主要包括信息资源采集人员分工、采集费用、考核条例、时间安排、采集工具的选择、采集方式、采集频率等。信息资源采集计划要留有余地,保持灵活性,以便进行信息资源采集策略的调整,适应不断变化的采集结果,提高采集效率。

(四)信息资源采集的实施

信息资源采集计划制订后,就要围绕该计划,在一定的范围内,按照既定的内容,采用科学的方法,广泛地搜集信息。当采集过程中遇到事先没预计到的新情况和新问题,要分析原因,追踪搜集过程,及时调整计划,以便获得新的、有价值的信息。

(五)信息资源采集效果评价与解释

完成信息资源采集实施后,还要对采集到的信息集合进行及时评价与解释。若用户对信息资源采集效果评价不满意,则依据相关反馈意见进行调整。调整力度可能触及信息资源采集过程的各个环节。

四、信息资源采集的技术

信息资源采集技术是指从一定的信息源中检索出含有所需信息的内容，供人们利用。它可以是人工采集，也可以通过联机方式形成自动化数据采集系统。

（一）信息获取技术

信息不仅仅是单纯的数值、文字、符号、声音、图形和图像等，还各种形式的信息媒体。这里根据媒体种类，分别从文本生成、图形图像、动画和视频、音频角度进行说明。

1. 文本生成

文本是最简单的数据类型，由于它要求的存储空间相对其他元素来说最少，因而成为人和计算机交互作用的主要形式之一。

文本信息输入到计算机一般有人工输入和自动输入两种方法。自动输入时主要采用光学字符识别技术，即采用光电转换装置将汉字或字符转换成电信号，并送入计算机，利用计算机自动辨认和阅读。

2. 图形图像

图形也称矢量图，如直线、曲线、圆或曲面等几何图形。图形文件保存的不是像素的"值"，而是一组描述点、线、面等几何图形的大小、形状、位置、级数及其他属性的指令集合。图形文件的常用格式有 PIF、SLD、DRW 等。

图像是人对视觉感知的物质再现，可以由光学设备获取，也可以人为创作。图像可以记录、保存在纸质媒介、胶片等对光信号敏感的介质上。目前，比较流行的图像格式包括光栅图像格式 BMP、GIF、JPEG 和 PNG 等，以及矢量图像格式 WMF 和 SVG 等。多媒体计算机通过彩色扫描仪能够把各种印刷图像及彩色照片数字化后送到计算机存储器中。

3. 动画和视频

动画指由许多帧静止的画面，以一定的速度（如每秒16张）连续播放时，使肉眼因视觉残像产生错觉，而形成画面活动的作品。

视频泛指将一系列的静态影像以电信号方式加以捕捉、记录、处理、存储传送和重现的各种技术。数字视频的获取需要三个部分的配合：首先，提供模拟视频输出的设备；然后，对模拟视频信号进行采集、量化和编码的设备，这一般都由视频采集卡来完成；最后，由多媒体计算机接收和记录编码后的数字视频数据。

4. 音频

音频实际上是连续信号，用计算机处理这些信号时，必须对连续信号采样并量化。

语音识别技术是让机器通过识别和理解过程，把语音信号转变为相应的文本或命令的技术。一个完整的语音识别系统可大致分为如下三个部分：

第一，语音特征提取。语音特征提取的目的是从语音波形中提取出随时间变化的语音特征序列。

第二，声学模型与模式匹配（识别算法）。声学模型通常将获取的语音特征通过学习算法产生。在识别时将输入的语音特征与声学模型（模式）进行匹配和比较，得到最佳的识别结果。

第三，语言模型与语言处理。语言模型包括由识别语音命令构成的语法网络或由统计方法构成的语言模型，语言处理可以进行语法、语义分析。

（二）文本挖掘技术

随着 Internet 的发展，可获取的大部分信息都是以文本形式存储的，要想从中找到合适的信息，就涉及了文本挖掘技术。

文本挖掘技术是数据挖掘领域的一个分支，它涵盖了文本分析、模式识别、统计学、数据可视化、数据库技术、机器学习、自然语言处理和人工智能等多领域技术。由于文档本身是半结构化或非结构化的，无确定形式并且缺乏机器可理解的语义。因此，数据挖掘的对象以数据库中的结构化数据为主，并利用关系表等存储结构来发现知识。

1. 确定文本数据源

确定文本挖掘的目标、应用范围及领域背景知识等相关数据。

2. 对搜集到的文本数据源进行预处理

从确定的文本集中，选取待处理和分析的文本，利用分同技术、文本结构分析技术等抽取出代表文本特征的元数据，如文本的名称、日期、大小、类型、作者、机构、标题和内容等，并存放在文本特征库中。

3. 选择适当的挖掘分析算法

常用的文本挖掘分析技术有文本结构分析、文本摘要、文本分类、文本聚类、文本关联分析、分布分析和趋势预测几种。文本结构分析主要是用于建立文本的逻辑结构；文本摘要是抽取出文本的关键信息，对文本进行概括和综合；文本分类是将要分类文本的特征项与已有类别的文本特征项进行比较，使其能映射到一个具体类别中；文本聚类是根据文本集合中特征项的相似度分成若干类，并将相似度大的文本尽可能归为一类；文本关联分析是指从文本集合中找出不同特征项间的关系；分布分析和趋势预测是指通过对文本数据源的分析得到特定数据在某个历史时刻的情况或将来的取值趋势。

4.将结果以可视化技术提交给用户

利用已经定义好的评估指标对获取的知识或模式进行评估，然后根据需要返回前面的步骤进行优化，直到满足要求为止。

（三）自动分类技术

自动分类技术的研究始于20世纪50年代末，IBM公司的H.R.Lupin在这一领域进行了开创性的研究。20世纪80年代中期开始，中国的一些大学、图书馆和文献工作单位也开展了档案、文献、图书的辅助或自动分类研究，并陆续研制出一批计算机辅助分类系统和自动分类系统，这些系统主要集中在中文处理领域。

自动分类是通过抽取信息的内容特征进行统计分析，判别出能代表其信息内容的语言，然后与分类体系的语言类集进行相似性分析，确定其属于哪一个种类或几个类，并赋予一定的知识分类标识的过程。

自动分类按实现途径可以分为自动聚类和自动归类两种方法。

1.自动聚类

自动聚类是指利用计算机系统从待分类对象中提取特征，再对这些提取出来的全部特征进行比较，根据一定的规则将具有相同或相近特征的对象定义为一类。

2.自动归类

自动归类是指利用计算机系统从待分类对象中提取特征，通过与事先定义好的各种类别具有的共同特征进行分析比较，再将分类对象划归为特征最接近的一类并赋予相应的分类标识。

（四）自动文摘技术

自动文摘也称自动摘要，指的是利用计算机自动地从原始文献中提取文摘。

自动文摘按内容压缩程度,可以分为报道性、指示性、报道指示性、评论性和组合式五种。报道性文摘适用于那些描述实验性研究的报告和单主题的文献,能够提供原始文献中的重要信息,包括研究方法、使用设备、论据、数值数据和结论等;指示性文摘也称描述性文摘,由于所含信息量较少,因此一般不提供具体内容;报道指示性文摘又称混合性文摘,兼具报道和指示功能,其将原始文献中价值高的作为报道性文摘,将其他的作为指示性文摘;评论性文摘也称评论,其价值往往依赖于文摘员的专业水平;组合式文摘是文摘员写出一组文摘,二次服务机构可以根据需要选取。按面向用户需求的不同,可将文摘分为一般性文摘和偏重文摘。一般性文摘是指对所有用户都提供一般性的摘要;偏重文摘也称为用户聚焦文摘、主题聚焦文摘或查询聚焦文摘,可以依据特定用户的需求(如询问用户感兴趣的主题)有重点地产生专属摘要。按文摘处理的对象集合个数,可以将文摘分为单文档文摘和多文档文摘。单文档文摘处理的对象是单篇文摘。多文档文摘处理的文本对象是由多篇文档组成的文档集。按文摘处理对象的载体,可将文摘分为文本自动文摘和多媒体自动文摘。除了以上分类标准外,还可以按文摘处理语言的数量分为单语言和多语言类型;按文摘长度是否可调节分为用户可调文摘长度和固定文摘长度类型等。

按照生成文摘的句子来源,自动文摘可以分成两类,一类是完全使用原义中的句子来生成文摘,另一类是可以自动生成句子来表达文档的内容。按具体技术可以有以四种常用方法。

1. 基于统计方法

基于统计方法也称为基于抽取的方法或自动摘录,它只是利用了文档的外部特征,如词频、词(或者句子)在文档中的位置,是否有线索词(短语、字串、字串链)及其统计数量等来进行文摘的生成,并不对文档内容做深层次理解。

基于统计方法实现容易、速度快、摘要长度可调节,但以句子(或段落)为基本抽取单元的抽取方法没有考虑句子间的关系,致使生成的文档不连贯,甚至前后矛盾,可读性差。

2. 基于理解的方法

基于理解的方法运用自然语言处理机制，分析过程中的常识、领域知识和领域本体等，对句子和篇章结构进行分析和理解，进而生成文摘。具体的实施步骤如下：

第一，语法分析。借助词典中的语言学知识对原文中的句子进行语法分析，获得语法结构树。

第二，语义分析。运用知识库中的语义知识将语法的结构描述转换成以逻辑和意义为基础的语义来表示。

第三，语用分析和信息提取。根据知识库中预先存放的领域知识在文中进行推理，并将提取出来的关键内容存入一张信息表。

第四，文本生成。将信息表中的内容转换为一段完整连贯的文字输出。

基于理解的方法产生的摘要质量较好，具有简洁精练、全面准确、可读性强等优点。但是，由于受到知识不足的限制，其文摘技术只能适用于某个狭窄的领域，如用于处理有关地震情况的新闻等。

3. 基于信息抽取的自动文摘

基于信息抽取的自动文摘也称为模板填写式自动文摘。这种文摘的产生先要对文本进行主题识别，再选择已编好的该领域的文摘框架，对文中有用的片段进行有限深度的分析，提取相关短语或句子填充文摘框架，再利用文摘模板将文摘框架中的内容转换为文摘输出。

4. 基于结构的自动文摘

基于结构的自动文摘将文本信息视为句子的关联网络，选择与很多句子都有联系的中心句被确认为文摘句。由于语言学对于篇章结构的研究还不够深入，可用的形式规则很少，这使得基于结构的自动文摘到目前为止还没有一套成熟的方法，不同学者用来识别篇章结构的手段也有很大差别。

第二节 图书馆信息资源的配置

一、信息资源配置的特点及意义

信息资源配置是根据人们的信息需求对当前的信息资源分布和分配预期进行调整的过程。信息资源配置主要是对信息资源中的能动部分即信息、人及信息设备和设施进行合理分配与布局,达到信息为人所高度共享,并产生政治、经济或其他效益的目的,促使信息价值最大化,使用户的信息保障率较高,以最大限度地为人类谋福利。

(一)信息资源配置的特点

信息资源配置的特征主要体现在以下六个方面。

1. 层次性

信息资源配置的层次性是由信息资源本身的层次性和用户需求的层次性决定的。信息资源本身的层次性包括内容目的层次性和载体目的层次性两个方面。内容目的层次性是指信息资源开发的程度有深有浅,可以是一次信息,也可以是二次信息,也可以是二次信息;载体目的层次性是指信息资源具有不同性质的载体形式。用户需求的层次性是指用户的文化结构、年龄结构、知识结构等不同,对信息资源需求的不同,也就形成了不同层次的需求系统。

2. 动态性

尽管信息资源的配置有其相对的稳定性,但总的趋势是不断发生变化的。信息资源的动态性随着信息资源共享环境、条件和要求的变化而不断发生变化,信息资源配置结构和模式需要重新改变,否则就不能实现配置过程和配置结果的有效率。

3. 渐进性

在信息资源系统中,信息资源不论是通过政府配置,还是通过市场配置或者产权配置,其基本的配置过程本质上都是一个从不合理逐步趋向合理、从无效率或低效率逐步趋向有效率的过程。这里的"合理"或"有效率"指的是经济上的合理或有效率,即用一定的配置成本取得尽可能大的配置效益,或用最小的配置成本取得一定的配置效益。合理或有效配置是信息资源配置过程中矢志不渝的追求目标。

4. 连环性

信息资源的配置过程并不是孤立存在的,它往往与发生于其前后的配置过程存在逻辑目的关联性。就图书馆而言,图书馆通过书的征订、现场采购、邮购、复制等购入方式和交换、赠送等非购入方式进行资源配置的过程就是一个收敛配置的过程。接下来,图书馆需要对保管的文献资源在加工、整序的基础上进行排列、布局和组织,这是一个重组性配置过程。最后,图书馆要通过多样化的服务方式沟通信息资源和各类用户的联系,使信息资源能够充分地被用户消化和吸收,这是一个发散性配置过程。上述三个过程紧紧衔接,缺一不可。

5. 时效性

信息资源所具备的时效性决定了在信息资源配置过程中,要善于把握时机,只有时机适宜,才能最大化信息资源配置的效益。当然,这里所谓的把握时机,并不是指越早投入,开发利用越好,而是要根据信息资源的特点和其投入利用带来的使用价值综合考虑,在合适的时间进行配置。

6. 人工性

信息资源配置是一种人类活动,它的整个生命周期都离不开人的参与,可以说,信息资源配置人工性的特点是信息资源配置的前提和理论依据。

（二）信息资源配置的意义

信息资源是信息化社会的重要基础。随着信息技术的广泛应用,国民经济和社会信息化进程的不断加快,信息资源的作用日益显著,已经成为现代社会生产力的基本要素和重要的战略资源,与物质资源、能量资源一起构成现代社会发展的三大支柱。信息作为社会资源的流动和重新配置,必然会引起社会各要素之间的互动作用,激励相应的社会行为反应,引起物流运动和人的思维活动,从而创造出新的物质和智力财富。

1. 提高社会效应,需要信息资源配置

信息资源的重新配置必然会引起相应的社会知识资源的改造和更新。由于信息的传播是不断转移新知识的传递过程,信息的流动会向缺乏这种资源的地区、社会或个人移动。这会使获得新信息的社会重新审视知识储藏,增加知识库存并推动知识向社会个体转移。尤其随着经济信息资源的加速分配,对社会生产活动也将会产生决定性的影响。

2. 缩小国与国之间的数字鸿沟,需要信息资源配置

"数字鸿沟"是由对现代信息技术和信息资源掌握的多寡而造成的信息富有者和信息贫困者之间的鸿沟,是一种在信息技术普及的过程中呈现出的极不平衡的扩张状态,发展中国家与发达国家的差距很大。

3. 缩小中国区域间的数字鸿沟，需要信息资源配置

新中国成立以来，我国一直存在很大的城乡收入差距问题，互联网时代的城乡数字鸿沟问题是城乡经济贫富差距的延伸和反映。发展不平衡成为摆在我们面前的严峻问题。"公平的信息社会"是"和谐社会"的重要内容和有力保障。在经济全球化和社会信息化的今天，信息就是机遇和财富，没有信息的公平，就不会有发展的公平，更不会有社会的和谐。因此，进行信息资源的配置，优化信息资源配置就显得尤为重要。

4. 提高用户的需求，需要信息资源配置

通信技术和计算机技术迅速发展的同时，也为图书馆界创造了一个全新的信息环境网络环境。网络环境给图书馆带来的影响是广泛而深刻的，使图书馆的资源基础突破了传统的"馆藏"局限而扩展到整个世界，从而极大地丰富了可提供服务的信息资源。

但是，由于网络信息增长迅速，没有统一的标准和规范，使得当前信息价值良莠不齐，存在状态多为无序性和不稳定性。这种变化无常、不稳定的网络信息给用户带来了诸多不便。因此，必须配置网络信息资源、调整网络、信息资源的分布和流向，以尽可能小的配置成本取得尽可能大的配置效益，即在网络建设的基础上，进一步规划不同"节点"和信息资源的重点、范围、类型、时间和数量分布，保证网络信息资源的全面性、针对性和及时性，最大限度地满足用户的需求，便于用户使用信息。

二、信息资源配置的原则

信息资源配置的根本目的是使全社会信息资源在公平的条件下得以充分地利用。可以说，信息资源配置对有效、合理、科学地利用信息资源，促使信息资源效用最大化，以及信息产业的可持续发展具有非常重要的意义。通常，在进行信息资源配置时需要遵循以下原则。

（一）效用性

资源效应最大化是整个信息资源配置过程中应该遵循的一个基本原则，尤其是在网络传输时代，要求信息与信息产品生产者，不断提高自身的水平，使其所生产的信息和信息产品在获利能力一定的前提下，降低成本。由于只有从信息生产者、信息传播者和信息利用者多方面考虑，才能真正体现效用最大化原则。因此，在强调"社会经济福利最大化"的同时，我们还应该强

调信息资源的整体效应最大化。

（二）系统性

系统性主要是从用户研究需要的角度出发来考虑的，只有从时间、空间、数量各方面尽可能保持整个网络中信息资源的全面性、完整性，才能满足用户多方面的信息需求。目前，这一点主要是通过共享网络资源来实现的。信息资源共享实质上就是信息资源配置问题，要调整文献资源在时间、空间、用途、分类和数量上的分布关系，使其成为网络资源，才能满足更多的用户需求，取得最优的社会、经济效益。

（三）公平性

公平性主要是指在信息资源配置的过程中，要充分考虑全社会的信息资源利用者的权益。无论是何种类型、地位、层次等方面的用户，只有在公平的前提下才能有效地实现信息资源的获取与共享。

（四）快捷性

快捷性是指对信息资源进行配置时，不仅要考虑信息资源中的本体资源建设的系统性和科学性，同时还需要对信息传播所需要的基础设施等进行考虑。

（五）一致性

要使信息资源共享得以顺利进行，信息资源的开发、加工、标引的统一化、标准化是非常重要的。在制定标准时，只有与国际接轨才不至于影响全球范围内网络信息资源的交流和使用，当然这也是信息资源最终得以共享的根本保证。

（六）易操作性

由于无论采用何种标准与规范，对信息资源进行配置，都是要以提供利用为根本目的的。因此，在信息资源配置中首先要实现的一个很重要的问题就是信息搜集、信息资源组织、聚类、检索等标准规范的易操作性。

（七）发展性

网络信息资源有效配置是一项复杂持久的工作，是一个动态的、渐进的过程，社会发展、科技进步乃至信息网络空间的生成也是渐进的过程。只有将其与现代技术相结合，建立稳定的专业队伍，并有专门的资金支持，才能实施社会信息化、网络化进程，更新发展。

(八)增值性

增值性是信息资源的一个基本特征,在信息资源配置过程中,这种增值性应该体现在信息的多元利用方面,增加信息的整体价值。同时,这里还需要强调增值性,即在资源配置的过程中如何运用现有的信息资源,使其重新产生新的信息与信息产品,并成为信息资源的扩充。

三、信息资源配置的内容与模式

(一)信息资源配置的内容

信息资源在时间、空间矢量上品种类型、数量等方面的配置状况、特征和要求构成了信息资源配置的内容。

1.时间上的配置

时间是事物运动、变化的持续性的表现,时间具有一维性即不可逆性的特点。信息资源的时间矢量配置是指信息资源在时间坐标轴上的配置。信息资源在时间上配置的经济意义是由信息资源内容本身的时效性决定的。例如,一条及时的信息可能价值连城,使沉睡良久或濒临倒闭的经济部门复苏,而一条过时或过早的信息则可能一文不值,甚至在使用后产生极其严重的恶果。虽然信息效用的实现程度与时间起始点和时间段大小的选择密切相关,但不同的网络信息资源,其时效性大小和变化情况是不同的。

此外,还有些信息(如某些商务信息)资源强烈地受制于各种不定型因子的干扰和影响,表现出波动性和无规律性。有的信息表现为逐渐过时规律,有的信息表现为快速过时规律,还有些信息强烈地受制于各种不定型因子的干扰和影响,表现出波动性和无规律性。对于过时规律明显的信息而言,其在时间矢量上的有效配置目标的实现较为容易;信息资源有效配置的难点在于控制和协调无过时规律的信息在时间矢量上的配置,因为这不仅仅需要理论上的知识做基础,更需要有丰富的实际配置经验,是配置者多方面、高素质的完美结合。

2.空间上的配置

信息资源的空间矢量配置是指信息资源在不同的地区、不同的行业部门之间的分布,即在不同使用方向上的分配。由于信息资源存在着严重的不均衡性,其在行业、地理区域的信息量分布和网络技术水平上也存在着很大的差距,因此,要保证信息资源在空间上的合理配置就必须充分认识到国家经济发展在不同区域、不同行业的不平衡因素，有重点地配置信息资源。

按空间矢量配置信息资源就是要运用一切市场的、非市场的手段调节和控制信息资源在不同国家之间，以及同一国家内不同地区或行业部门之间的分配关系，目的是追求信息资源在按空间矢量配置后能产生最大化的社会福利。信息资源按空间矢量配置后产生的社会福利的大小取决于多种因素。

3. 品种类型的配置

信息资源在时间和空间矢量上的配置必然要涉及信息资源的品种类型。对于既定的信息资源系统，其规模的大小和服务能力的强弱应当综合性地以信息资源品种类型的多寡以及其对用户信息需求的满足程度作为主要评判依据。

互联网是信息资源存在的主要形式，它所具备的开放特性使得任何入网者都可以在网上自由存放信息，并方便地获取网上信息。随着互联网上信息提供者和使用者的不断增多，必然会刺激大量冗余信息在无"主管"的网络上迅速地膨胀，而迅速膨胀的信息冗余又在网上形成了新的、巨大的信息干扰，它们或被重复配置，造成信息资源品种类型十分丰富的假象，或在真正的有共享价值的信息资源表面形成一层面纱，使人们难识其庐山真面目。由此可见，尽管当前信息资源品种类型很丰富，但其配置仍有相当大的难度。信息资源有效配置的目标仍然需要借助一定的市场或非市场手段经过艰苦的努力才能最终实现。

4. 数量上的配置

信息资源的数量配置包括信息的存量配置和增量配置，总量配置和个量配置。

信息资源的存量配置是指按一定的原则和模式，通过不同的方法和手段，将业已产生的各种信息资源合理分布和存储在不同信息机构。存量配置主要表现为载体形式的信息资源的再配置，侧重于解决当前不合理的信息资源分布状况的调整问题，不考虑总体容量的增减，仅就现有信息资源在不同地区、行业和组织间进行流动和调剂。

信息资源的增量配置是指新增信息资源的配置问题，主要表现为配置经费的切分和调整，它意味着信息资源的总体容量有所增加，核心在于如何在不同地区、行业和组织间实现均衡配置。信息资源增量配置的经济意义在于它在应对千变万化的用户信息需要方面发挥了重要的作用。

在信息资源的数量配置中，解决存量配置的关键就是制定有关信息资源的政策法规，提倡信息资源共享观念、建立信息资源的定期申报和评审制度、确立信息资源的有偿调剂准则、建立网络信息资源存量配置信息系统等。解决增量配置的关键就是全面分析信息资源在不同地区、行业或组织的实际状况，预测信息需求的变化倾向及其在不同地区、行业或组织的差异，深刻理解和领会国家信息化的战略方针和重点，合理配置信息活动经费，加强信息资源的宏观调控等。

（二）信息资源配置的模式

信息资源分布的广泛性，致使信息资源配置工作也具有多样性，这就要求在对各时期、各地区、各行业组织配置过程中，为了达到最大配置效益，必须采用标准统一、互联互通、相互协调等资源配置模式，使信息资源能够顺畅地在不同领域间流动和交互，参与配置的主体应相互协作，形成一个有机结合的整体，即信息资源配置体系。

1. 信息资源配置的目标模式

信息资源配置的目标模式包括观念思维全新化、组织专业集团化、配置手段多元化、运行机制灵活化、运作目标高效化等。

第一，观念思维全新化。对信息资源配置进行配置，需要按照市场经济的基本要求，从感性思维逐步过渡到理性思维，同时还需要逐步强化信息资源配置的竞争观念、开放观念、可持续发展观念、科学决策观念和效益最大化观念。

第二，组织专业集团化。在信息资源配置中，要求配置主体以专业集团化的规模优势形成竞争实力和优势，从而扩大市场占有率，实现优势信息资源的优势配置。

第三，配置手段多元化。配置手段多元化要求根据市场情况和国家有关产业政策，既吸收市场机制配置手段的自动性，同时又借鉴政府计划配置手段的自觉性，并将二者有机结合起来。

第四，运行机制灵活化。进行信息资源配置时，需要依据市场机制的特点和规律，改革传统的供求机制、分配机制和奖惩机制，建立灵活高效的商业化运作机制。

第五，运作目标高效化。要达到信息资源运作目标的高效化，就需要按照专业化、集团化重组资源，并依据相应的手段来自动和自觉配置资源，实行灵活高效的运作机制。

2. 信息资源配置的内容模式

信息资源配置的目的使信息资源为全社会所享用，从而获得最大的经济效益。

第一，信息主体资源。信息主体是信息化测度体系中一个很重要的指标体系。这里就以主体的概念来阐述信息主体资源，包括信息资源中的元资源（信息与信息产品生产者）、信息与信息产品中介者、信息与信息产品的主要利用者。

第二，信息本体资源。信息本体资源也就是传统意义上的信息资源，主要是资源库中具体存在的，当然也可以是传输的信息与信息产品。若将信息资源的本体资源以载体和传播途径划分，则可将其分为实体信息资源和虚体信息资源。

实体信息资源主要是指以纸介质、磁介质为载体，保存在一定物理空间中，供用户使用的信息资源；而虚体信息资源则是以磁介质等为载体，保存在不同物理空间中，通过计算机网络传播，以供利用的信息资源。

第三，信息表体资源。表体是与信息本体，信息主体相对而言的。信息表体资源主要是指信息与信息产品传输的资源。在网络环境下，研究信息资源的配置，必然会涉及信息、信息产品，以及资源流动的问题。因此，如何增加信息与信息产品的流量和提高流速，并能较好地控制信息流，就是研究信息的表体资源主要目的。

在信息资源配置过程中，除要考虑信息元资源、本资源和表资源的一般意义外，还需要研究元资源本资源和表资源中具体包含的内容，尤其是需要研究这些内容之间的内在逻辑关系。也就是说，既然信息资源包括元资源、本资源和表资源，那么就需要对这三种不同类型资源中的人力资源进行统一讨论。

3. 信息资源配置的具体模式

目前，对信息资源配置的具体模式主要有集中型、分散型、多元型三种：

第一，集中模式。集中模式是一种行政管理式的职能型组织结构，倾向于高度集中的中央集权化管理，其体系内各信息资源开发服务机构相互依存，且在业务上相互补充。

由集中模式组成的体系对信息资源配置规划、计划、机构设置、人员与经费、业务范围等实施的是单一化的管理。其信息资源配置的各部门之间层次分明、相互协调，各自接受上级机构下达的任务，从而构成了有序的信息资源配置网络。

第二，分散模式。分散模式是一种以市场经济为依据的市场调节型组织结构。该资源配置体系内各单位之间是相互独立的经济实体。

分散模式体系使信息部门与信息用户之间的供求关系完全由信息市场的价值规律自行调节，形成竞争机制。由于国家对网络信息资源部门控制手段是通过政策、法规，以及必要的投资。因此，采用这种模式可充分发挥市场机制的调节作用，使信息市场充满竞争和活力。但是这种模式缺乏统一管理，容易导致重复建设和资源的浪费。

第三，多元模式。多元模式介于集中型和分散型之间，是一种具有双重效能的信息资源配置组织模式。其体系内各部门之间是相对独立的，但这些相互独立的部门之间又保持着协调发展，即各部门之间既有分工合作，又有平等的竞争。

多元模式既受国家统一指导、调控，同时在规划活动上又可以独立自主地开展工作。因此，在经费来源渠道上，既可以通过国家投资获得，又可以通过市场的多渠道获得，并且还可以通过市场调节，调整信息资源结构。由于多元模式的整个体系是由国家集中进行宏观管理的，在运作上受市场的分散控制，因此，整个信息资源配置活动可以持续、稳定、协调地发展，从而可以充分发挥整体效益。

四、信息资源配置的策略

（一）宏观调控，统筹规划

我国地区文献信息资源分布严重失衡，集中与分散的矛盾非常突出。国家运用宏观调控手段制定目标与规划，各级政府的信息管理部门也应积极采取各种法律的、经济的、行政的手段加以实施，协调信息资源的配置方向和配置方式，保证重点和避免重复浪费，形成我国信息资源独有的特色，提高信息资源的总体效应和共享水平。

（二）加强科学管理资源，提高信息资源的利用率

科学管理是信息资源利用与配置的基本保障。一般而言，需要从宏观和微观两个层次对信息资源进行科学管理。宏观就是从大方向着手，解决存在的普遍问题；微观则是各图书馆情报部门研究、掌握各自部门内部各层次用户对信息资源的真正需求，合理引导各部门内部信息资源的流向，对实体资源和虚拟资源进行合理配置，科学管理。

网络信息资源作为当前信息资源的主要形式，其种类繁多，信息海量，结构复杂、良莠不齐，为用户的使用带来了诸多不便，因此，科学管理信息资源显得尤为突出。为了更好地利用网络信息资源，人们开发了搜索引擎。用户输入自己的检索式，搜索引擎自动将与其存储在网上的一次信息特征进行匹配，将符合用户要求的信息记录以超文本的方式显示出来，供用户浏览。可以说，搜索引擎实现了对网上信息的控制，在逻辑上序化和优化了网络信息资源，为利用网上资源提供了便利。

但是，搜索引擎的针对性不强，面向大众的资源覆盖面广，而面向科学技术的则相对较少，同时其检索结果中包含大量相关性很小的内容，用户必须花大量的时间进行剔除，检准率很低，且它们对资源不具有选择和价值判断的能力。为了满足用户专业性较强的深度的信息需求，图书馆、情报机构一直在寻求更高级的信息资源的组织形式。

第一，采用都柏林核心集元数据网上资源编目的方法，逐渐实现有用的所有载体文献信息有序化控制。目前，这一方法还有待进一步完善。

第二，建立学科资源库。图书馆可以组织专业馆员通过对网上信息的浏览，重点收集参考价值较高的信息进行加工、组织、分类标引，分门别类向用户提供如学术动态、科研成果、会议信息、电子论坛、科研论文等信息资源。

第三，组织专题资源库。首先，根据用户需求有针对性地做好选题工作，其次，确定某一专题信息的收藏范围和标准，最后，对收集到的信息进行去粗取精、去伪存真的查重、过滤和整序，并发布在网页上。

第四，建立重点学科导航数据库。重点学科导航库是以学科为单元对网络上的相关学术资源进行搜集、评价、分类、组织和序化整理，并对其进行简要的内容解释，动态链接学科资源数据库和检索平台，发布于网上。

总之，图书馆、情报部门要对本部门的信息资源进行科学组织管理，提供针对性强的、适时对路的信息，以供用户使用，提高服务水平，提高用户的满意率。

（三）加强信息技术的发展和应用

信息技术是现代化图书馆信息服务发展的技术基础，也是信息资源的有机组成部分。信息技术的基本功能包括信息的获取技术、信息的传递和存储技术、信息的分析处理技术，以及信息的标准化技术四个方面。信息技术的发展和广泛应用减少了人类的手工劳动，从根本上增强了人类的信息能力，提高了人类有效配置信息资源的水平，是信息资源有效配置最有力的支撑手段。

尽管目前我国的信息技术已经取得了很大的发展，但相比于发达国家还是比较落后，信息设备特别是计算机、远程通信设备等核心设备的社会普及程度低，大部分图书馆的现代化设备还比较落后，这些成了制约我国现阶段有效配置信息资源、加速发展信息化程度瓶颈。当前，我国应积极借鉴国外先进经验，加强信息技术的发展和应用，加大对图书情报信息服务机构的投入力度。

第三节 图书馆信息资源的整体布局

一、信息资源整体布局的基本原则

同其他资源一样，图书馆信息资源也有一个合理配置、合理布局的问题。信息资源的布局是指在实践、空间和数量三个方面的有效配置。时间上的配置是指信息资源在过去、现在和将来三种时态上的配置。信息资源的价值对实践具有很高的灵活性，即实效性强。信息资源的空间配置是指其在不同部门和不同地区之间的分布，即在不同使用方向上的分配。信息资源数量上的配置包括存量配置和增量配置，即对已有信息资源的配置和不断产生的信息资源的分布。

（一）适应国情原则

信息资源整体布局必须与我国的国情相适应，这是一条最基本的原则。只有立足于国情，信息资源整体布局才有坚实可靠的基础，才具有科学性和可行性。

第一，作为一个发展中国家。我国信息资源整体布局要紧密与科学、教育、文化事业及国民经济发展水平保持同步发展，并且要有一定的超前性，即必须走在教育、科学、文化事业的前面，当然也不能过于超越经济发展所允许的速度和规模，盲目追求高速度、大规模。

第二，长期以来，我国信息基础设施处于一个比较落后的状态，并且还将在相当长的时期内成为制约信息资源整体布局的因素之一。从这一国情出发，我们应该强调以区域发展为核心，建立地区性的信息资源保障体系。各个专业与系统的信息资源布局应融于全国或地区的信息资源布局之中，强化地区的信息资源合作。

第三，我国各个地区间的经济、科学、教育、文化发展不平衡，这种不平衡分布状况呈现出强烈的梯度差。因此，我们不能忽视原有的基础。应该在进行信息资源整体布局时，根据地区差异，按照地区文献需求梯度理论，让一些先进的、信息吸收能力强的地区和部门首先较多地获得国外最新的信息资料，通过他们的吸收和转化，逐步将先进的科学技术向比较落后的地区转移。要从实际需要出发，才能促进整体信息资源建设的发展。

（二）协调共享原则

信息资源保障体系是一个相互联系的整体，具有一定的层次性。由于组成这个体系的信息资源保障体系的各图书馆的类型、性质和任务不同，其信息资源的收集水平与服务内容则有所不同，任何一个图书馆、信息机构的信息资源都是有限的，不可能满足社会所有的信息需求，因此必须加强联合，协调发展。

我国在信息资源整体布局中采取了地区协调和系统协调的方式。地区协调，是指在一定区域范围内，由各系统、各类型图书馆和信息机构参加的横向协调活动。一般由地区综合性协调组织领导，根据本地区发展的实际需要进行统筹规划和合理布局，建立区域信息资源保障体系。系统协调，是指在同一系统内进行图书馆和信息机构之间的信息资源协调建设。它在系统内部建立起自上而下的组织协调与业务协调关系，统一部署，统一布局，根据学科和专业发展的实际需要，构建协调补充、互为利用的信息资源保障体系。地区协调和系统协调是我国信息资源整体布局的两种基本形式，在实践中应根据发展的需要将二者结合起来，以取得信息资源整体布局的良好效果。

（三）需求导向性原则

信息资源整体布局的最终目标是要达到资源的共享，最大限度地满足任何社会成员对信息资源的需求。因此，以需求为导向是信息资源整体布局所要遵循的重要原则。

信息资源的整体布局必须抓住当前最为迫切、最有实效的领域，一切以需求为导向，有条不紊地进行。就我国当前形势而言，仍然存在一定的地区差异，地区发展不平衡，但我们不能盲目地以信息资源数量的平衡来衡量地区发展的水平。而要根据不同地区、不同系统、不同层次的发展需求，从最迫切的信息需求和最有可能取得实际效果信息服务内容入手，统一规划，协调发展，并充分运用新技术的发展培育新的需求。此外，信息资源整体布局还要与社会的信息需求规律相符合，针对信息需求的规律，用不同的文献保障层次来满足不同的信息需求。

（四）效益原则

效益原则要求在进行信息资源整体布局时，充分考虑到经济效益和社会效益。经济效益主要体现在文献资源收藏的完备性、信息资源的利用率，以及单元信息利用的消耗上等方面。在投入相对稳定的条件下，能尽可能地提高文献资源收藏的完备程度，并最大限度地利用这些资源，最大限度地满足用户的信息需求。通过合理的规划与协调，减少重复建设，满足地理分布的合理性，方便对文献的利用。社会效益是指建立了优化的信息资源整体布局，实现信息资源的共享，并充分利用信息资源对社会的发展和进步产生的影响。社会效益难以用具体的准确的数据来衡量，但它的影响却不容忽视。

总之，经济效益和社会效益并重，是建立优化的信息资源整体布局的一个重要原则。

二、信息资源整体布局的作用

信息资源整体布局是信息资源共享的重要前提，也是提高信息资源保障能力的有效措施。自20世纪90年代以来，我国国家信息化建设进入快车道，金桥、金关、金卡等一系列重大信息工程取得巨大进展的前提下。信息资源作为社会资源体系的重要组成部分，其建设与分布状况直接关系到国家信息化发展的程度，此时实施信息资源整体布局是非常必要的。信息资源整体布局的作用主要体现在以下几个方面：

第一，充分有效地利用与协调各地区的信息资源，更好地为我国现代化信息建设服务。

第二，促进信息资源的共建与共享。

第三，加强各个信息机构、图书情报系统之间的联系与合作，形成多层次、多功能的信息资源体系。

第四，减少重复建设，提高信息资源建设的经济效益。

第五，缩小地区信息贫富差距，促进边远地区、落后地区的发展。

总而言之，信息资源整体布局的理论研究与实践，对我国的信息化建设具有深远的战略意义和现实意义。

三、我国信息资源整体布局的模式

（一）集中控制型模式

集中控制型模式是建立一个具有绝对权威的信息资源管理与控制机构，对各类型图书馆和信息机构进行统一指挥，集中调度。这种模式的关键在于建立集中决策机制，充分发挥整体的系统功能。

（二）分散控制型模式

分散控制型模式由若干分散的图书馆和信息服务机构共同承担信息资源建设的任务。这种模式的核心是充分调动各图书馆和信息机构的积极性，从整体的利益出发，正确处理局部利益与整体利益的关系。

（三）等级控制型模式

等级控制型模式是逐级建立信息资源保障系统，并通过系统间的协调与合作，优化信息资源结构，形成相互依存、共同发展的共享体系。这种模式的重点是建立系统间的互动与联动机制，注重图书馆和信息机构之间分工与协调，以保障信息资源的整体功能得到最充分的发挥。

等级控制模式能够建立系统间的隶属关系，既便于信息资源建设的协调和控制，又拓展了信息资源利用的范围，是我国信息资源整体布局的最佳选择。

目前，我国在等级控制模式理论的基础上，又提出了信息资源整体布局的三级保障体制，即第一级是建立国家信息资源保障体系，包括全国信息资源的协调与控制，制定国家信息资源发展政策和规划等任务；第二级是建立地区信息资源保障体系,承担区域的信息资源协调与合作任务,积极调动本地区图书馆和信息机构的信息资源,满足大部分本地用户的信息需求;第三级是建立省(市)、自治区各种类型图书馆与信息机构的信息资源保障体系,通过信息资源的组织与布局,最大限度地满足用户的信息需求。

第四节 图书馆信息资源的整合

一、信息资源整合概述

信息资源整合属于宏观意义上的信息组织。"整合"作为术语最先在数学和物理学中,表达部分与整体的关系。20世纪80年代后,在文学、社会学、心理学、生物学、哲学等学科中也出现了"整合"。在不同的学科中,"整合"的含义是不同的。在"信息资源整合"中的"整合"包括了综合、融合、集成、整体化、一体化等。信息资源整合是由于社会步入信息化、网络化数字化时代,数字信息资源大量出现,各种数据库大量产生,各种类型的网络资源检索工具层出不穷,数字图书馆日益增多的缘故。

(一)信息资源整合的含义

信息资源整合是信息资源优化组合的一种存在状态,它是在符合一定条件的前提下,根据一定的需要,对各个相对独立的已经实现了一定程度有序化的信息系统进行融合、类聚、重组,重新构成一个新的效能更好、效率更高的信息资源体系的发展过程和结果。

经过信息资源整合后而形成的信息资源体系,既可以是逻辑的,也可以是物理的。物理的信息资源体系是指除各成员信息系统拥有自己的数据库系统以外,整个信息资源体系还拥有一个中央数据库,为各个信息系统所共享;逻辑的信息资源体系中不存中央数据库,它只是各个信息系统整合以后的逻辑意义上的统一表达。

信息资源整合活动一般是在信息资源组织发展到一定程度后才能够进行的。信息资源整合是宏观意义上的、横向的信息资源组织,它所强调的是单个信息系统之间的横向联系,信息资源之间的融合重组,以及整体之间的资源共享。

（二）信息资源整合的必要性

由于对于信息资源的开发和利用长期以来往往都有独立的信息资源组织方法、检索系统和发布系统。它们彼此独立，各自为政，缺乏交流，造成信息资源环境整体分散无序的状态，但用户的信息需求又呈现多样性、复杂性的特点，这就给用户检索和利用信息资源带来不便，具体表现在：

第一，缺乏交流，各信息系统收录的信息系统资源存在交叉重复，影响用户对信息资源的选择与获取。

第二，标准不同，导致了检索途径和方法的差异，再加上不同的检索软件，风格迥异的检索界面，用户面临不轻的学习负担，造成精力与时间的浪费。

上述两方面表明，如果不对信息资源进行合理有效的整合，必然使用户陷入不得门径而入的困惑境地，这与以用户为中心的信息服务原则背道而驰，也严重影响了信息资源的有效利用。因此，深入研究与解决信息资源整合问题是十分必要的。

此外，我们还可以从信息资源整合带来的作用进一步说明信息资源整合的必要性，信息资源整合实现了不同信息系统之间的沟通，揭示了相关信息资源之间的关联，为用户获得高质量的信息资源提供方便；整合后的信息资源体系囊括了各个独立信息系统的信息资源，并且拥有风格一致的用户检索界面，用户无须在不同的信息系统之间来回切换，节约了时间，减轻了学习负担，一定程度上提高信息资源的利用率和检索效率；信息资源整合促进了信息资源组织过程中整合意识的形成，推动信息资源组织标准化的进程。

（三）信息资源整合的目的

对于信息资源组织的目的，我们可以总结为：为了实现信息环境自局部有序化到整体有序化转换。具体包括以下内容：

第一，减少信息资源的混乱程度。各个独立的信息系统之间存在着内容交叉重复，或拖沓冗长，关联程度低等问题，这就在某种程度上造成了信息资源的混乱。通过信息资源整合，就可以在原有的各个信息系统的基础上进行信息资源的融合、重组，形成一个新的、有序化的信息资源体系，减少了信息资源的混乱程度。

第二，加强信息系统与用户的联系，提高信息资源利用率。原有的各个独立的信息系统之间所存在的差异造成了用户信息检索的不便，使用户面临沉重的学习负担和时间浪费，因此，要求在原有信息组织的基础上，根据用户的需要，以及信息系统之间的差异，疏通信息渠道，提高各个独立信息系统与用户的接触率，进而提高信息资源的利用率。

第三，节约社会信息活动的总成本。信息资源整合节省了广大用户穿梭于不同的信息系统之间所造成的时间和精力耗费，从而提高整个社会信息活动的效率。

当然，信息资源整合后，可能会限制各个独立信息系统强大的个性化检索功能的发挥。但这绝对不是信息资源整合的目的，随着信息资源整合理论与实践的不断深入发展，这些局限性会逐渐被克服。

（四）图书馆信息资源整合的背景

随着数字图书馆的出现，人们猜测未来的图书馆发展方向将是复合图书馆，即"实物馆藏＋虚拟馆藏"形式，且两者构成相互联系的有机整体，不能割裂开来。

实物馆藏是长期以来图书馆的主要形式，其组织、技术与方法都趋于成熟。在计算机技术与自动化技术的促进下，图书馆对信息资源的组织由手工阶段向自动化、现代化阶段转变。但是，由于受到图书馆性质、任务和经费等条件的限制，馆藏信息资源还需要以馆际合作、资源共享的模式来扩大信息资源的来源，以更好地满足用户的信息需求。而实际上，各个图书馆在信息资源的组织过程中，各自为政，彼此之间的编目条例、著录格式存在一定的差异，产生的书目数据只能局限在本系统使用。在这种情况下，对不同图书馆之间的书目信息资源进行整合就提上了日程。

除了实物馆藏外，虚拟馆藏也是图书馆资源的重要组成部分，这些虚拟资源数量大且相当丰富。它们以数字化的形式记录，存贮在网络，计算机，磁、光介质以及各类通信介质上，用户必须通过计算机网络通信方式进行访问。目前，图书馆的这类数字资源主要包括数据库、电子期刊、电子图书三种。其中，数据库是图书馆数字资源的主体部分，既有联机数据库，也有网络数据库，从数据库的内容来看，全文数据库是数据库发展的方向，目前这类数据库已逐步在概念上脱离源数据库，日益成为一种独立的电子资源类型。电子期刊有两种类型：一种是印刷型期刊的电子版，以印刷型期刊为底版，内容大致相同；另一种是严格意义上的电子期刊，即期刊从投稿、编辑、出版发行到订购、阅览都是通过网络实现的。在图书馆的书目数据库中，每种印刷型期刊的书目信息构成一条记录，只能实现到刊名信息的检索；而在电子期刊中，每篇期刊论文就是一条记录，可以实现到篇名信息的检索。电子图书大多都是对已出版图书进行电子化，电子图书没有统一的格式，阅览不同格式的电子图书，需要下载安装相应的专门阅读浏览器，且这些电子图书馆的阅读浏览器是互相不兼容的。关于电子图书的检索，目前市场上普遍实现的是到书名的查询。同电子期刊一样，图书馆对电子图书的收藏也主要是通过购买一定期限的使用权实现的。

二、信息资源整合的层次与方式

在具体的信息资源整合实践中，并非所有的信息资源整合都在同一水平上进行，而是呈现多层次性。根据不同的划分标准，信息资源整合具有不同的层次结构。这里所涉及的信息资源整合层次划分标准是按照信息资源整合对象的加工深度进行的，并且采纳龚亦农先生用于三个层次的称谓。

（一）表现层的信息资源整合

信息资源在表现层的整合主要是针对信息源进行的。它在一定标准的前提下，为分布式存在的信息系统的信息源提供了逻辑组织和导引。由于信息源即信息的来源通常是以链接的形式表现的，因此表现层的信息资源整合就表现为按照一定的逻辑主线，对各种不同的信息系统的链接进行排列组合，从而构成"信息地图"。这里的逻辑主线也就是信息系统地址排列组合的标准，可采用的逻辑导引的标准有资源类型、学科主题、字母顺序等。用户在一定的标准指引下，能够方便地从汇聚了多样化的信息资源体系中快速定位到目标信息系统，从而发挥信息资源体系的指南或导航作用。

这种整合方式多用在具有指南或导航性质的网站或网页中，其类型比较丰富，有综合性质的信息系统指南或导航，也有专业性质的、地区性质的。实现信息资源表现层的整合，其技术和方法相对比较简单，只要在同一个网站或网页中创建所有信息系统的地址链接，并根据一定的标准将这些链接进行有序化排列，便可勾勒出一幅信息资源地图来。当然，为了方便用户的使用，创建人性化的用户界面、加入信息系统的内容介绍和引导用户的详细说明也是非常必要的。为了确保信息资源的时效性，链接地址还需要及时更新和维护。

元搜索引擎被称为搜索引擎之上的搜索引擎，其所采用的也是信息资源表现层的整合方式，它将多个搜索引擎集成在一起，提供统一的检索界面。此外，指引数据库也属于信息资源在表现层的整合，它首先对数据库等信息系统进行集中、分类、整理，然后再以主题树的形式指引用户利用。

从上面几种信息资源表现层的整合方式来看，信息资源表现层的整合还只是信息资源整合的初级形态，它整合的对象还只是停留在信息源的层面，确切地说是各独立的信息系统的地址等信息，而没有触及信息系统的内容和检索层面。然而，存在即为合理，表现层的信息资源整合之所以深受特定用户群的欢迎，与它汇聚了经过人工选择的多种信息系统，不仅数量齐全，而且形成逻辑体系，起到良好的导引作用，极大地方便了用户在大量相关的信息系统中发现和选择符合自己信息需求的目标信息系统是分不开的。当然，这种表现层的信息资源整合对信息资源的加工深度是有限的，因而提供给用户的导引作用也是有限的。

（二）应用层的信息资源整合

信息资源在应用层的整合主要是针对信息系统的内容及其易用性进行的。为了从互异的各个信息系统中获取满足用户需求的信息资源的元数据和数字对象本身，首先需要构建中间访问层。应用需求不同，中间访问层的构建方式也存在差异，但其大体上的构建原理却是大同小异的。

1.Agent 机制

Agent 是一种具有局部决策能力的技术，可以实现与终端用户、资源以及其他 Agent 的交互。基于 Agent 的方法通常使用三种类型的 Agent，即用户 Agent、中介 Agent 和资源 Agent。其中，用户 Agent 向用户提供一致的接口，接受用户输入的检索请求并转换成内部所使用的语言，交给合适的中介 Agent；中介 Agent 负责与用户 Agent、信息 Agent 以及其他 Agent 的交互，根据用户提交请求的形式和内容，选择合适的资源 Agent，并将请求发给资源 Agent；资源 Agent 负责实现对异构的信息系统的检索，并对检索结果的数据进行包装，以隐藏各个信息系统之间的异构性。

2. 中介方法

中介方法是指利用一个称为中介层的构件为各个信息系统提供一种通

用的数据模型和检索界面，并使用包装层隐藏各个信息系统之间的异构性。

元搜索引擎作为一种应用层的信息资源整合方式，也是通过中间访问层来实现对各个成员搜索引擎的调用。其基本的实现原理是：当一个检索请求到来时，元搜索引擎按照各个成员搜索引擎的检索格式做相应的转换之后，再分发给各个成员搜索引擎，各个成员搜索引擎返回结果后，元搜索引擎对检索结果进行归并、选择、排序等处理，最终通过统一界面输出给用户。一个真正的元搜索引擎是由检索请求提交机制、检索接口代理机制和检索结果显示机制三个部分组成。其中，检索接口代理机制是实现对成员搜索引擎调用的关键，作为一种代理机制，它必须具有较强的字符和转换功能，使用户的检索请求为具有不同语法特点的成员搜索引擎所认知和接受。

通过应用层的信息资源整合，用户可以实现在统一化的界面中，对各个异构的信息系统的内容进行"一站式"的检索与利用，提高了对信息资源的利用率。但是，需要注意的是，在新的信息资源体系中，各个信息系统之间只是一种松散的整合关系。同时，整合后形成的这个信息资源体系并不拥有各个信息系统，而只是"调用"各个信息系统的内部资源，各个信息系统在某种程度上制约着整个信息资源体系。

（三）元数据层的信息资源整合

元数据层的信息资源整合是从信息资源组织的源头对信息资源进行比较彻底的整合，是整合程度最高的一种整合方式。其基本的整合过程，就是使各个信息系统采用的元数据格式在事实上趋于一致或者相互之间通过元数据互操作能够相互转换，进而实现各个信息系统之间事实上趋于一致。这样，再将它们整合到同一个信息资源体系中就变得相对容易了。

这里，各个信息系统之间事实上的同构指的是整个信息资源体系采用统一的元数据格式。一般是事先基于共同遵循的标准，构建各个信息系统及其内部资源，并采用统一的元数据格式描述信息资源。而各个信息系统之间形式上的同构则主要指各个信息系统之间能够实现互操作，并允许存在异构性的各个信息系统之间能够通过某种转换机制取得形式上的一致性。

实现各个信息系统之间事实上或者形式上的同构是目前元数据层的信息资源整合的两种表现方式。这种方式大大减小了各个信息系统间异构性所带来的负面影响，基本实现了统一化、无缝化的高度整合。然而，就目前而言，元数据层的信息资源整合也存在一定的问题。第一种整合方式在为各个成员提供全面的互操作性时，要求每个成员也必须为此付出代价，而且由于成员之间趋同程度较高，也就相应地减弱它们的个性化发挥余地。因此，其对商业化经营运作吸引力不大。第二种整合方式，进行无数据互操作实现不同元数据格式之间的相互转换的过程中，也会对整个信息资源体系的数据存储造成定的压力，同时大大增加了其维护的成本。

第六章 图书馆信息资源的共建共享

第一节 信息资源共建共享概述

一、信息资源共建共享的重要意义

（一）实现效益的最大化

如何利用有限的经费获取尽可能多的资源，是信息资源建设的一项基本原则。在没有进行整体规划和协调的前提下，各图书馆通过"自给自足"和各行其是的信息资源建设方针，必然会带来信息资源的重复建设问题，无法达到对有限经费的合理利用。

尤其是近年数字化进程的加快，各图书馆在数字化资源建设中，存在着多个图书馆对同一文献进行数字化处理的现象，这在很大程度上造成了资金的严重浪费。针对这一严重的浪费现象，实行信息资源共建共享，从而对各成员单位馆藏进行合理布局、分工协调，突出各成员单位馆藏文献信息资源的基本特色，通过馆际互借、文献传递等共享方式，使用本馆没有馆藏的这部分资源，将信息资源建设经费发挥到最优。

此外，许多图书馆通过图书馆联盟，以集团购买的形式采集数字化资源，也可以大大节约信息资源建设的成本，提高经费的使用效益，增加信息资源的价值。

（二）避免信息资源的重复建设

信息资源共建共享实现了各图书馆信息资源之间的相互流通、分享利用，可以在很大程度上弥补自身信息资源的缺乏和不足。参与信息资源共享的图书馆可统筹规划规划，其信息资源建设，可以避免重复购置、建设那些能从其他图书馆共享到的信息资源，从而可将更多的资金用于发展自身的特色信息资源建设。这样，既可从整体上最大限度地避免信息资源的重复建设，又能够提高各图书馆的信息资源建设水平和质量，提高信息资源系统的保障能力。

（三）实现信息资源的公平获取

地区发展水平的差距也使得信息资源公共获取上存在一定的差距，而这种信息的不公平又加剧了地区间的贫富差距。由于信息更新快的特点决定了要求欠发达地区的信息资源建设步伐跟上信息资源的更新速度，无疑给原本经费等社会资源不足的欠发达地区的信息资源建设雪上加霜，从而造成信息资源的重复建设和严重的浪费。

（四）提高信息资源的利用率

信息资源共建共享对于开发系统、科学的信息资源系统，最大限度地避免了重建具有重要意义。同时，还使参与共享活动的各图书馆之间形成信息资源建设各有特色的局面。

各图书馆之间实现信息资源共享，但就其中的某一个图书馆而言，利用这种信息资源共享局势，不仅可以为其用户提供本馆所拥有的信息产品和信息服务，还可以为其提供共享合作单位的信息产品和服务。这样，在更好地满足用户信息需求的同时，还可增加该馆所拥有的用户数量和使用范围，提高其信息资源利用率，对社会整体信息资源利用率的提高具有很好价值。

（五）满足用户需求的最有效途径

随着生活水平的提高，人们对信息资源的需求不再仅仅满足于单一的服务方式和服务内容，而是开始寻找那些内容全、形式多样、来源广泛的信息资源。图书馆想要满足现代信息用户多样、复杂的信息需求，只有在各图书馆之间实现信息资源共享，将其他图书馆丰富的信息资源作为自身信息资源建设的有利补充和无限延伸，才能真正为用户提供高效率和高质量服务。

实现全社会信息资源的共建共享，有利于将各个图书馆的信息资源集合起来共同构成一个大而全的数据库。在这个大而全的数据库中，各个图书馆相当于其不同的"入口"，用户可以利用其中任何的一个"入口"获得所需要的信息资源。

二、信息资源共建共享的模式

信息资源共建共享模式是一直以来备受关注的问题，它是指某种事物的标准形式或使人照着做的标准样式，只要是两个或两个以上的机构或地区，或系统之间通过分工合作，统一标准，统一规划，统一服务，相互协调等方式而开展信息资源建设和服务就可以称为共建共享。信息资源共建共享没有固定的模式，近年来，人们更习惯以共享活动所涉及的系统和地区范围的大小来划分信息资源共享的模式。

（一）垂直型共建共享模式

系统内部的各机构，通过不同层次之间的协作，进行信息资源共建共享就是垂直型共建共享模式。例如，下属单位与中心（或上级）机构建立联系，以此利用中心（或上级）的信息资源。

在垂直信息系统中，由于各个成员之间只有行政和业务上的隶属关系，因此，组织起来相对比较容易得多。但是，由于垂直型结构是相对封闭的，它排斥了横向（即跨系统）之间信息资源的充分共享。尤其是当成员之间地理空间的距离比较远时，要进行必要的管理和联系就可能带来不便。

（二）水平型共建共享模式

同一地区内的不同系统，不同行业之间的信息系统进行信息资源共建共享的模式就属于水平型共建共享模式。水平型（横向）共建共享机构之间的隶属关系是不同的，当这些机构对信息的需求不同，且彼此之间缺乏合作的强烈动机和有力协作机制时，实施起来就显得较为困难了。

（三）网络型共建共享模式

全国范围内或地区范围内的所有不同机构系统或成员之间建立的可以直接相互连接，实现共建共享信息资源的模式就是网络型共建共享模式，也称纵横联合共建共享模式。这是一种最理想的模式，但在实践的操作中难度最大，不容易实现。

（四）多网共建共享模式

两个或两个以上网络信息服务机构通过合作，将不同环境中大量的、分散的信息资源进行整理、优化，以形成有利于各个信息服务机构，有不同用途的网络信息资源，供社会共享的方式称为多网共建共享模式。

多网共建共享模式的产生首先是出于对网络信息服务机构参与社会竞争的考虑，通过多网合作共同建设，信息服务机构不仅可丰富自己的网络信息资源，实现网络信息资源共享，还可以减少费用，提高经济效益和生产力。

此外，随着信息技术和网络技术的发展，其他类型网络的信息服务出现了互相交叉融合的趋势。当然，用户需求的多样化、个性化与集约化，也是实现多网共建共享模式，满足用户需求的最佳途径和必然要求。

1. 多网共建共享模式的类型

常见的多网共建共享模式的类型主要有：

（1）互补型

互补型模式充分利用了各方优势和劣势的互补，共同合作建设网络资源实现共享。在互补型模式中，各方之间是一种互补关系，通过合作扬长避短，可以有效降低成本，优化自身资源结构实现双赢效应。

（2）聚集型

聚集型模式中合作的一方一般是已经具有了良好的技术、人才和信息资源基础的。在这个前提下利用聚集型模式可以提高自身网络信息资源的质量，优化资源结构，扩大资源的种类和数量，与相关的机构合作与整合，聚集优势资源形成规模效应，提高信息服务的水平，加强竞争力。

（3）共享型

为了合作各方避免重复建设，可以运用共享型合作模式将各自相同的资源部分进行整合与利用，以节约成本，使之集中力量开发具有自己服务特色的网络信息资源。

（4）开发型

开发型模式主要是为了充分利用网络信息资源，开拓新的服务项目而进行合作的一种模式。在这种模式中，合作各方是以网络信息资源的开发利用为基本点，带动经营、管理、服务等方面的创新。

2. 实现多网共建共事模式的方法

第一，联合建立网络信息服务机构，这样就可以避免因单独技术所带来资金、技术、信息资源、人才等方面的不足。而且，通过资源整合还可以丰富网上信息资源和网上共享水平。

第二，对网络信息资源整合，使合作的双方能够在网络信息资源开发利用的基础上实现互补，进而丰富自己的网络信息资源。同时这种方式还有利于建立具有自己特色网络信息资源，节约重新开发网络信息资源的费用。

第三，超链接作为网络的特点之一，其除了能够为信息服务机构提供丰富本身内容或技术等服务项目合作外，还有利于合作双方的共建共享。

总体而言，多网共建共享模式主要是具体的企业之间的合作。组织形式分为一对一，一对多，多对多三种形式。一般情况下，网络信息机构共建共享不管以何种方法实现，合作对象都不会只有一个。

3. 多网共建共享的途径

第一，对等交换。即网络信息服务机构双方在相互为谋求发展、共同受益，互相合作所采取的一种多网共建共享途径。

第二，利益分成。合作本身就是一种互惠互利的关系，但受到资源整合比例不平衡的影响，可能还会产生一些不同的经济、社会效益，此时合作就具有了一定的差异性，在此差异的基础上，双方为达到合作目的，还必须对产生的效益按一定的方式和比例进行分配。

第三，购买。当需求方与资源拥有方之间的差距较大，用合作的方式不能完全实现资源共享时就需要采用购买的方式来实现。

第四，互置股权。主要是合作双方在资源的利用、整合上有互补的特点或者跨地域、跨媒体的双方均有向对方领域渗透的意向。

信息资源共享是人类的理想，它需要我们克服狭隘意识，积极探索更多更好的信息资源共建共享模式，努力实现现代信息资源的共建共享目标。

（五）镜像站点共享模式

对于一些专门从事信息服务的机构而言，由于对数据库的访问量很大，且对数据库的及时性、准确性、全面性要求很高，原始的数据库可能难以满足更多的用户需求，此时就可以考虑采用镜像站点的方式来开展信息服务。镜像是在获取资源网站的许可后，将资源网站的相关数据库完整地下载到本地站点服务器上，建立一个与源站点相同的数据库，用户可以在镜像站点上获取与访问源站点完全相同的信息服务。这种模式比传统的服务方式具有更显著的优点，突出表现在提供全文信息服务方面。

由于镜像站点的数据资源集中保存在本地的服务器硬盘或磁盘阵列上，并且具有独立的 IP 地址，极大地节省了网络通信和客观费用。此外，建立镜像站点还可以进行本地化服务，根据本地区的实际情况发展自己的客户端，所有这些客户自然地成为镜像数据库资源的用户，使信息资源共享。

（六）小共建大共享模式

小共建大共享包括两个方面的内容：一是系统共建，全国共享；二是区域性共建，全国共享。就是说，信息资源共建共享应采取全国性系统内的共建共享和地区性跨系统的共建共享相结合的模式。

在这里要实现全国性系统内的共建共享模式，就需要在全国性各行业系统中分别建立本系统的信息资源建设体系、信息资源保障体系、信息资源存取体系、信息资源利用体系和信息资源传递体系，以最大限度地实现全国性各行业系统的信息资源共享。而地区性跨系统的共建共享模式主要针对的是以省为系统，建立一省范围之内的跨系统的共建共享网络。

小共建大共享模式的优势主要表现在以下两个方面：

第一，便于协调。在全国范围内建立信息资源共建共享模式，对于减少信息资源共建共享中无谓的重复现象，整体提高国家信息资源的保障能力具有重要的意义。尽管这种模式在实现全国的大统一过程中也可能会出现系统之间的信息资源重复现象，但它实实在在地实现了系统内的信息资源共建共享。同时，在允许的范围内，可以一定程度地实现全国的共享。

第二，区域性跨系统的共建共享已取得一定的成功。由于实行一省之内跨系统的信息资源共建共享的难度远远小于实现全国性跨系统的信息资源共建共享，目前，区域性跨系统的信息资源共建共享已取得了显著的成效。

第二节 信息资源共建共享的形式

一、图书馆联盟概述

图书馆联盟是指两个或两个以上的图书馆结成的联盟，其核心是"联盟"。最早的资源共享形式自人类社会产生图书馆起就开始了，此时的共享是图书馆之间的合作。图书馆合作又称为馆际合作，是指两个或两个以上的图书馆为了增进服务及降低成本共同从事的合作采访、合作编目、合作储存、馆际互借、相互允许合作组织内的其他图书馆读者利用本馆资源以及合作人员训练等活动。

图书馆联盟无论是在我国还是世界上其他图书馆业比较发达的西方国家都还是一个新生的事物，至今没有统一固定权威的定义。随着资源共享的理念日益深入人心，图书馆合作的内容不断增加，图书馆联盟作为一种共建共享的有效模式被提出并得到广泛采用。图书馆联盟作为联盟的一种，可以通过联盟的定义为其进行界定。因此，图书馆联盟可以看作是以实现资源共享、利益互惠为目的，受共同认可的协议和合同制约的联合体。

现代图书馆联盟强调的是网络环境下的资源共享，突破传统图书馆网的范畴，把图书馆视为信息系统中的重要一环，将图书馆与其他信息处理部门连接起来，共同完成对信息的处理。实现信息资源的共享是图书馆联盟的最终目的，一定的技术和硬件支持是图书馆联盟的基础，所有缔结的协议、条约或者合同是图书馆联盟的基本保障，各个参与联盟的图书馆共同遵守所有缔结的条约是图书馆联盟得以正常运行的前提，每个图书馆都必须严格遵守缔结的条约，否则联盟很难实现。

图书馆联盟在信息资源收藏、建设、利用等方面具有独特的特点，这些特点决定了在信息时代图书馆联盟能够发挥较大的效应，以有限的资源去满足知识经济时代人们对知识的需求。

（一）资源共享的公益性

资源共享的公益性是图书馆联盟资源共享区别于其他联盟的资源共享的最大特点。图书馆联盟不同于其他联盟，其资源共享不是供图书馆自己使用，而是为了最大限度地满足用户的需求，最大限度地发挥资源的效用。因此，我们认为图书馆联盟资源的共享性并不只是联盟成员之间的共享，而是其服务对象所享有的共享，显然这种资源共享具有很强的公益性。

（二）资源建设的协调性

图书馆联盟的最终目的就是通过实施共建共享，使有限的资金或尽可能多的资源种类，去满足最大范围的用户的需要。当然，要达到这一目的，就要求图书馆联盟的各个成员在资源建设上能够相互协调、互通有无，避免资源建设的重复。因此，资源建设的协调性是图书馆联盟的重要特点。

（三）联盟各成员馆发展的特色突出

图书馆联盟的目的是以有限的资源满足读者最大的服务需求。信息发展的速度是任何图书馆都无法赶上，无法以充足的资金购买所有的资源，这导致很多图书馆只能以有限的经费购买最常用的资源，从而导致资源的重复。建立图书馆联盟以后，各成员馆在资源建设中相互协调，扬长避短，形成自己的特色，既可以使本馆得到最大的发展，又可以满足任何服务对象的需求。

二、图书馆联盟的类型

（一）按组织形式划分

按组织形式划分，可以将图书馆联盟分为紧密型的图书馆联盟和松散型的图书馆联盟。

1. 紧密型的图书馆联盟

在紧密型图书馆联盟中，各参与联盟的图书馆之间存在紧密的联系，形成了一个较为正式而且固定的联合体，并实现了较为完全的信息资源共建共享。一般而言，这种类型的图书馆联盟常常有具体同一的组织机构，即便没有组织结构，参与联盟的图书馆业都设有专门联系图书馆联盟事宜的专门的业务部门或者工作人员，协调联盟各方实现馆际互借、联合编目、共同检索，甚至实现联合采购等等。紧密型的图书馆联盟是未来图书馆联盟发展的趋势。

2. 松散型的图书馆联盟

在松散型的图书馆联盟中，各个图书馆之间的联系较为松散，且很少有实际的组织结构，参与的各个图书馆也很少设有专门的业务部门或者工作人员负责联盟的事宜。松散型联盟具有快速、机动、富有弹性、无须专职人员协调的优势。但是，它缺乏共同的要求、统一的领导和稳固的资金保障，服务项目也很少。

（二）按地理范围划分

按地理范围划分，可将图书馆联盟分为地区性的、全国性的、国际性的图书馆联盟。

1. 地区性的图书馆联盟

地区性的图书馆联盟一般是由同一地区内的图书馆结合而成。由于这种类型的图书馆间地理距离较近，服务对象也较同一，且参与联盟的各方比较容易协调，因此，成了当前传统图书馆联盟的主要形式。

2. 全国性的图书馆联盟

全国性的图书馆联盟，就是全国范围内图书馆参与的图书馆联盟。

3. 国际性的图书馆联盟

国际性的图书馆联盟一般是由两个或者两个以上国家的图书馆结成。全国性和国际性的图书馆联盟受网络技术的影响较大，参与的各方一般是技术比较先进，电子化、数字化程度较高的复合型图书馆或者是数字图书馆。图书馆联机计算机中心就是著名的国际性图书馆联盟。

（三）按参与联盟图书馆的性质划分

按参与联盟的图书馆的性质划分，可以分为综合性的图书馆联盟和专门性的图书馆联盟。

1. 综合性的图书馆联盟

参与综合性的图书馆联盟的图书馆一般具有多种性质，这些图书馆可能有专业图书馆、系统图书馆、单位图书馆或者是大型综合性图书馆。

2. 专门性的图书馆联盟

参与专门性图书馆联盟的一般是那些性质比较专一的图书馆，如美国协作机构委员会虚拟电子图书馆计划就是校际联盟的图书馆联盟。

（四）按参与联盟的图书馆文献的种类划分

按参与联盟的图书馆文献的种类划分，可以将图书馆联盟划分为传统图书馆联盟、数字图书馆联盟和混合图书馆联盟。

1. 传统图书馆联盟

传统图书馆联盟一般是指那些由收藏传统纸质文献为主的图书馆所组成的联盟。由于受地域等诸多条件的限制，这类联盟影响的范围较小，随着时代的发展必将为其他类型的图书馆联盟所取代。

2. 数字图书馆联盟

数字图书馆联盟是指那些由数字图书馆组成的图书馆联盟。数字图书馆联盟中的信息资源的共建共享都是通过网络和相应的终端来实现的。由于数字图书馆联盟是随着信息时代而逐渐发展起来的，符合时代的要求，因此，其必将成为信息化时代图书馆联盟的发展趋势。

3. 混合图书馆联盟

参与混合图书馆联盟的图书馆形式比较多样，有数字图书馆，也有复合型图书馆，还可能有传统的图书馆，这类联盟是当前我国采用的最为普遍的形式。

三、我国图书馆联盟发展的策略

（一）理顺图书馆的管理体制

我国的图书馆大体可以分为公共系统、科学（专业）系统、高校系统三种性质，这些图书馆之间由于隶属的地区、系统或单位，主管部门各不相同，且文献收藏品种、数量、质量、范围也各不相同，导致图书馆之间协调困难，严重影响了图书馆联盟的建立。为此，要求这些图书馆必须以单位体制改革为契机，理顺图书馆的管理体制。各个图书馆之间统一规划、统一技术标准、统一运行规则，包括作业流程、业务处理、信息交换、行为准则等技术和非技术的协议和标准，为图书馆联盟的建立做充分的准备。

（二）加强图书馆工作队伍建设

图书馆联盟除需要一定技术的支持外，其成败在很大程度上取决于人，取决于图书馆工作人员的技术水平和思想水平。尽管当前我国图书馆工作人员已经具有了一定的技术素质，但是与其他图书管理事业发达的国家相比，还存在很大的差距。因此，在加大图书馆自动化设备建设的同时，必须加大人力资本的投入，加强图书馆工作人员的培训。

（三）建立特色化馆藏

图书馆联盟的目的是实现图书馆间的互补，这就要求参与联盟的各个图书馆馆藏不同，从而实现馆际之间的馆藏互补，以充分实现文献信息资源共建共享。但是，当前我国的许多图书馆还存在严重的"重藏轻用"观念，在经费有限的情况下，各图书馆在文献上无法求全的情况下，以通用的"核心""重点"为标准，进行馆藏建设。很多图书馆都收藏"核心""重点"书刊，导致图书馆之间收藏大同小异，无法实现或者根本没有必要实现资源共享。为此，各个图书馆应该在统一机构的协调下，合理进行文献信息资源建设。例如，以需求为导向，建设特色化馆藏；集中财力，围绕某一学科领域系统收集。各馆可按学科专业、文献类型、文献文种方面，实行分工购藏。特色化馆藏是图书馆信息网络化建设及文献信息资源合理布局与协调发展的必然趋势，要使文献信息资源建设尽快由自然发展状态变为宏观指导下的合理布局，减少不必要的重复与缺漏，为图书馆联盟的建立奠定基础。

四、图书馆联盟的发展趋势

考察国内外各类型图书馆联盟的发展历程和现状，结合图书馆联盟发展的环境和条件，可以发现图书馆联盟的某些发展态势。

（一）图书馆联盟开始相互渗透和融合

受到网络信息技术不断发展，以及联盟活动日益深化的影响，一些图书馆联盟开始与不同类型图书馆联盟相互融合，吸收其他类型的成员馆的特色馆藏。

（二）图书馆联盟呈现多极化趋势

图书馆联盟的渗透和融合并没有显现联盟无限扩大的趋势。而是一方面在购买电子资源数据库，联合目录等基本服务方面参加大型的联盟，另一方面也在组建或加入一些小的联盟以解决专门的共享需求。

就国内的图书馆联盟而言，人们已经意识到，加入图书馆联盟只是作为满足不同需要的手段，因此，他们会根据自己的需求选择参加多个不同的联盟，并在其中扮演不同的角色。图书馆根据自己的资源和服务特点有选择地参与多个联盟组织的集团采购以获得优惠，使得国内图书馆联盟的数量近年来有了快速的增长。

（三）图书馆联盟向数字图书馆的方向发展

当前图书馆联盟活动开始向电子资源集团采购和基于Web方式进行的馆际互借和文献传递方向发展。许多图书馆联盟通过互联网将其目录或其他信息资源链接在一起并提供获取原文的服务。有些联盟则采取更进一步的措施将原本不兼容的系统协调在一起，实现了联盟内各成员馆馆藏和借阅信息的无缝链接，开始逐渐向图书馆的无墙化、网络化转变。

五、发展图书馆联盟建设的意义

随着现代信息技术的发展，图书馆为了在社会信息化进程中求得生存和发展，逐渐形成并发展起来新的合作形图书馆联盟。图书馆联盟作为一种信息资源共建共享的重要形式，对图书馆事业的发展具有十分重要的意义。

（一）带来直接的经济效益

图书馆联盟使资源运筹从图书馆内部扩大到外部，使联盟图书馆的各种投入要素重新组合并实现更多的产出，形成联盟的规模产出效应，实现了对各种资源的有效组织和利用。图书馆联盟通过集团采购、合作编目、馆际互借、文献传递、参考服务等各个环节的合作，降低了资源建设成本和服务成本，由此所带来的经济效益十分明显。

（二）最大限度地满足了读者的信息需求

在社会信息化的今天，读者的信息需求已发生了巨大的变化。传统的图书馆的封闭独立特性，已经不能满足读者对文献或信息服务的要求。读者的需求开始向多元化信息包括视频信息（包括静态的信息如文本信息、图像信息，动态信息如动画、电视、电影、交互式媒体）、音频信息（包括声音、音乐等）和超视声频信息（包括超声频、视频信息）等多元化的需求转变。并且，这种信息需求也不再局限于具体的图书馆、信息研究所、文献中心等机构，而是超越国家、地区的限制转向全球信息需求。

显然，任何一个图书馆仅仅利用自己的资源来全面满足读者的需求是不可能完成的事，而通过图书馆联盟在一个国家、地区或系统内部有计划、分层次、有侧重地协调合作地收藏文献资料，建立联合目录和文献数据库中心，联合开展多种形式的文献信息服务，形成强有力的信息保障体系，才可能最大限度地满足读者需求。

（三）我国图书馆宏观管理领域的制度创新

我国图书馆事业的管理体制的不完善，导致长期以来各区域图书馆之间缺乏协调和联系，跨系统跨地区的信息资源共建共享存在诸多障碍。尽管在过去数十年间，各图书馆之间也有过不同形式的合作，但受到计划经济体制的影响，这些合作基本上是由行政力量主导的，各参与者缺乏经济利益的驱动，合作者之间缺乏利益平衡机制，责、权、利不明晰。因此，合作的效率低下，合作的实际效果也很有限。

针对上述状况，迫切需要建立一个统管全国各类型图书馆的行政职能部门，对全国的图书情报事业，包括信息资源共建共享进行集中管理。当然，基于我国经济体制和行政管理体制改革的方向而言，其可行性并不高。

因此，我们更倾向于建立横向协调的图书馆联盟，即在自愿的基础上，由政府实施宏观管理，参与的成员主体地位平等，参与的程度由成员自主决定，参与的利益由成员分享。这种联盟既与国际接轨，又符合中国的实际情况，是我国图书馆事业宏观管理领域的制度创新。

第三节 信息资源保障体系的建设

信息资源保障体系是指在一个国家或一个地区范围内,各类型的信息机构协调合作,根据统一的规范,建立一个集信息资源的收集、组织、存储、传递、开发和利用于一体的信息资源保障体系。信息资源建设的最终目标,是要建立一个能最大限度地满足社会信息需求的信息资源保障体系。这是一个实体系统,包括信息资源的储备系统和服务系统。这一保障体系将以层次结构科学、空间布局合理的资源网络体系为物质基础,以信息资源社会共享为社会目标,以文献信息事业社会化为组织形式,以电子计算机通信网络为技术手段,使有限的信息资源能够最大限度地满足社会对信息资源进行充分开发和高效利用的需要。

一、信息资源保障体系建设的意义

(一)我国信息资源建设的战略需要

相对于一个国家而言,信息是其重要的资源和财富,并且已经成为经济建设和社会发展中不可缺少的基础组成部分。就我国而言,经过近几年的努力,通信网络等信息基础设施建设发展较快,而信息资源建设则严重滞后。目前,我国文献信息资源建设仍然存在经费短缺,文献资源布局不合理,覆盖面不广,重复率较高,文献资源建设缺乏宏观调控的问题。由于文献信息资源建设是一种连续、持久的工程,为防止各自为政,重复建设,必须从宏观战略角度把握文献信息资源建设。

(二)适应和满足用户信息需求变化的需要

随着用户对信息需求由单项需求向广泛性需求转变,且对信息的实效性要求更高,以及近年来科学技术的高速发展,各类型文献的数量迅猛增长。任何一个图书情报机构都不可能将全世界上所有的出版物收入馆中。与此同时,相对较低的文献信息采购经费、不断上涨的文献信息价格和订购品种,特别是外文文献信息资料大幅度下降。

(三)改变我国图书情报发展不平衡状况

我国文献信息资源的密集程度呈现从东部到中部、西部逐渐减弱的阶梯分布，其富集区主要集中在北京和上海两个城市，县以下广大农村，图书情报机构及文献信息资源拥有量极少。为了更好地为中西部地区及广大农村的经济发展提供信息服务，单纯地靠增加图书情报机构数量、增加文献信息资源来满足经济发展需求既与我国的基本国情不符合，而且也不能从长远角度解决这一问题。随着信息网络的发展，在国家文献信息资源保障体系的基础上，这些地区的用户可以通过网络来获取文献信息富集地区的信息资源，满足当地经济发展需求。

二、我国信息资源保障体系的建设

信息资源共建的最终目标，就是要建立一个能最大限度满足整个社会信息需求的信息资源保障体系，要使信息资源共建共享这个动态的社会系统工程发挥其最大的社会效益和经济效益，就需要社会各方面的广泛参与，共同建设。

（一）我国信息资源保障体系建设的目标、原则、模式

信息资源保障体系建设的目标是要通过全国的信息资源整体化建设，使我国信息资源保障体系能够满足95%左右的社会需求。具体来说，就是要满足对国内文献信息资源100%的需求，对国外文献信息资源90%以上的需求。

信息资源保障体系建设的原则，就是要以整体信息资源建设的经济效果及最大限度地满足社会对信息资源的需求为目的，并要体现达到这个目的的手段，能够指导信息资源保障体系建设的主要方面和主要过程。

当然，信息资源保障体系建设原则不仅要与国家教育科学文化事业的发展和国民经济的发展相适应，而且还要与各地区、各部门的信息需求和信息吸收能力，以及各地区的社会、经济活动相适应，这样才能发挥原有的知识优势，保证保障体系的层次性，便于用户使用，从而形成资源共享网络。

关于信息资源保障体系建设的模式，人们提出了将全国信息资源保障体系分为全国布局（一级布局）和地区布局（二级布局）以及介于两者之间的系统布局的框架模式。同时，着眼于系统布局、区位布局，人们还提出了"三点式""七点式""分省布局"等相对比较具体的模式方案。

根据我国信息资源分布的实际状况和现实条件，大多数人赞同一种具有现实可行性的模式，即"三级保障体制"。尽管在网络环境下，原来地理

区域完备化的信息资源保障体系建设的意义相对已经减轻了不少,信息服务机构可以通过"存取"方式更多地利用异地甚至国外丰富的信息资源,但是,相对完备的实体的国家信息资源储备还必须继续坚持。其主要原因在于,实体信息资源构成的信息媒体是人类知识的记录,是人们在对信息媒体进行有目的选择、收集、加工、整理后,才逐渐形成信息资源。因此,可以说信息资源具有与能源、材料等自然资源一样的属性,也是一种重要的资源,而且是一种基础性的知识资源。

从战略高度的角度分析,为了保证我国的信息需求有一个较高的保障,就必须对所需的信息媒体有一个较为完备的收藏,并不断完善自己的信息资源保障体系建设。我国作为一个发展中国家,信息资源比较贫乏,如果不能改变这种状况,拥有属于自己的比较丰富的信息资源,就很可能会在未来信息需求的满足上受制于人。单就任何一个国家而言,自己拥有自己所需要的信息资源,才是最为安全、最为方便的。

从具体的信息服务机构看,网络化的环境确实为信息服务机构"获取"各种信息提供了极大的便利。在网络化的今天,信息资源保障体系的形式较过去有了一些差别,但其本质并没有发生变化。计算机网络的普及没有使信息资源保障体系建设失去意义,反而是对信息资源整体化建设提出了更加迫切的要求。为了保证从网上获取信息资源的全面、充足和系统,减少冗余和浪费,客观上更需要各信息服务机构自觉地把自己纳入地区、系统,甚至全国的信息网络中,开展信息资源整体化建设,通过协作协调,合理分工、布局信息资源,从而,在全国范围内形成一个更加高效、节约的信息资源保障体系。

(二)我国信息资源保障体系的建设机制

新形势下,建设我国信息资源保障体系还需要协调好分布式处理、自组织和资源共建网络整体性之间的关系,既要按照整体性的要求,强调资源共建的网络管理和事前控制,同时还要依据分布式和自组织原理,充分发挥各共建网络节点的积极性、自主性和创造性。

信息资源保障体系的建设机制,应该是自上而下和自下而上两种途径,要发挥计划和市场两个机制的作用,调动中央和各地方、各系统的积极性,体现我国的发展特点,形成一个整体性和多样性相结合、集中与分散相结合的信息资源保障体系。

1. 集中性信息资源保障体系

在这里，集中性主要体现在：

第一，政府主管部门合理、适度的法制保障、经济保障、政策优惠等。

第二，业务工作规范化和技术工作标准化。

第三，以规划和政策为导向，保证动态信息及时通报，减少共享的盲目性和重复建设现象。

第四，主管部门或行业中介组织从内部协调各系统、各地区信息服务机构之间的关系，从外部协调与出版社、发行机构、用户，以及其他信息机构的关系。

第五，采用评估、考核、监督检查、表彰、奖励等行政管理手段，激发信息服务机构参与信息资源整体化建设的积极性和主动性。

2. 分散性信息资源保障体系

分散性体现在：

第一，各信息服务机构具有相对的独立性，在整体的信息资源保障体系建设中具有相对的自主性和灵活性。

第二，信息资源保障体系建设要体现吸引社会力量参与、自愿参加、共建共享、互惠互利的原则。

第三，将契约关系作为信息资源共建共享的基础，自下而上用契约关系建立起比较稳固的信息资源保障体系的结构。

信息资源保障体系的建设是一项十分复杂而艰巨的任务，其建设方案需要每个信息服务机构与时俱进，不断进行调整和完善，以便为整体的信息资源保障体系建设积累经验、打好基础，从而为全国性的信息资源保障体系早日确立做出贡献。

第七章 图书馆个性化信息服务管理

第一节 图书馆个性化信息服务概述

一、个性化信息服务的内涵及特点

（一）个性化信息服务的内涵

个性化信息服务是指能够满足用户个体需求的一种服务，也就是根据用户提出的明确要求提供服务，或通过对用户个性、使用习惯的分析而主动地向用户提供其可能需要的服务。个性化信息服务的内涵主要包括两个方面：一是用户根据自己的兴趣、爱好和需求定制所需要的信息和服务；二是信息提供者根据用户的需求和特点建立起个性化的用户模型对提交给用户的信息进行过滤，并根据用户的动态需求进行主动性推荐。其中主动性和针对性是个性化信息服务的本质特点，同时它还具有与用户交流的互动性。

（二）个性化信息服务的特点

1. 针对性

个性化信息服务的根本就是以用户为核心，所有的服务必须以方便用户、满足用户需求为前提。通过研究用户的行为、兴趣、爱好和习惯来组织信息内容和调整服务模式，以便为用户提供更具针对性的信息服务。

2. 可定制性

个性化信息服务允许用户充分表达个性化需求，动态地定制自己需要的用户界面、信息资源、信息服务种类和服务方式，创造适应个人知识结构、兴趣爱好、信息需求和行为方式的信息活动环境，从而获得"量身定制"的信息服务。

3. 主动性

个性化信息服务能够主动感知不同用户的个性化信息需求,并将用户所需要的信息及时推送给用户。这种"信息找人"的主动服务模式与传统"人找信息"的被动服务模式截然不同。

二、图书馆个性化信息服务的特点及方式

(一)图书馆个性化信息服务的特点

1. 层次性

图书馆主要服务对象是教师、学生和科研人员,这具有较明显的层次性,如教师可分为教授、副教授、讲师、助教等,学生也可分为博士研究生、硕士研究生、本科生等。很显然,不同层次用户的信息需求侧重点不同,所要求提供的信息服务也有所区别。例如,对于科研人员来说,他们要求掌握学科的前沿发展动态,他们对图书馆的信息服务要求体现在查新检索上;而对教师来说,主要侧重于对教学参考资料的使用与教学方法的研究上。

2. 专业性

图书馆的服务对象大部分是具有一定专业背景的读者,他们对信息的需求主要集中在自己从事研究或学习的学科专业及相关学科专业上。教学科研是按照一定的学科专业体系而开展的,不同学科专业的读者有着不同的信息需求,因此图书馆的服务具有较强的专业性。

3. 特色性

从服务对象来看,图书馆个性化信息服务是相对于图书馆整体服务而言的,它既可以针对单独的用户,同样也可以针对具有相同特征的特定群体,因为同一专业、学历等背景下的用户有着相似的信息需求。一般来说,每所图书馆在馆藏与服务方面都有一定区别,这正是所谓的特色。拥有高质量的特色资源,就等于拥有自己的生存与发展的空间,就能立于不败之地。因此,图书馆的特色服务是提升图书馆形象的关键所在。图书馆要有特色服务的意识,开发特色服务的产品,打响图书馆的品牌,以此扩大图书馆的影响力。

(二)图书馆个性化信息服务的方式

1. 信息分类定制服务

信息分类定制是指用户可以按照自己的目的和需求,在某一特定的系统功能和服务形式中,自己设定信息的资源类型、表现形式和系统的服务功

能等。分类定制方法建立在用户细分和数字化信息内容分类及定制的基础上,图书馆网站首先根据自身的内容以及其他服务特征确定自己的用户,再将用户划分为多个具有相似性信息需求的用户群,然后根据可能的用户群对馆藏(包括现实馆藏和虚拟馆藏)的信息内容和各类服务进行分类,形成多个资源和服务模板,使用户定制的目标集中在这些模板上。当用户向系统递交自己的个人信息和定制选项后,这些信息就被加入到用户数据库中。通过分类定制,用户每次登录网站时,只要键入自己的账户名和密码,服务器便根据用户数据库将查询结果主动递送给信息用户,并自动生成用户定制的动态页面。这样,用户进入到一个完全个性化的信息空间,只看到自己感兴趣的内容并享受自己需要的信息服务。

2. 信息推送服务

信息推送服务是基于推送技术出现的一种新型的信息服务方式,它是传统定题服务在网络环境下的具体应用。其实质是借助一种特殊的软件系统来提供服务。该软件能够根据用户事先向系统输入的信息请求(包括用户的个人档案、用户个人信息主题、研究方向等),主动地在网上搜索出符合用户需求的主题信息,并经过筛选、分类、排序,按照每个用户的特定要求,在适当的时候传送到用户指定的"地点"。信息推送服务的最大特点就是能够实现用户一次输入请求,就可定期地、不断地接收到最新的信息,将"人找信息"转变为"信息找人",通过邮件推送、"频道"推送、预留网页等多种途径,将信息送给他人。Web Mail 是把 E-mail 和 Web 结合起来,基于 WWW 方式进行 E-mail 收发的一种电子邮件系统。Web Mail 使用户仅仅以访问 Web 的方式就能够得到和使用完整的邮件服务,给用户构造了一个相对独立的空间。图书馆利用这种方式可以主动将有关信息发布到列表中的用户,将用户感兴趣的个性化信息直接发送给用户,从而实现个性化的定制服务。Web Mail 的介入,为图书馆提供了与用户新的沟通方式和新的服务空间,使得图书馆为用户提供个性化定制服务成为可能,即根据不同用户的需求,向其传递不同的信息,实现只对单个用户进行管理和服务。当前,国内许多图书馆现已开始尝试提供此项服务,例如,根据注册用户的专业、研究方向,用电子邮件发送与之相关的最新数字资源和服务动态,使用户及时获取有价值的信息。

3. 个性化推荐服务

个性化推荐服务是一种比较深层次的、主动性的服务方式。它不仅能够根据用户的特性提供具有针对性的信息，而且能通过对用户专业特征、研究兴趣的智能分析而主动地向用户推荐其可能需要的信息。个性化推荐服务是指使用多种数据分析技术，根据用户兴趣信息向用户及时、主动地推荐其需要的且以往没有获得的知识信息，并能根据用户对推荐内容的反馈进一步改进推荐服务。

个性化推荐服务是基于web的智能代理服务最广泛的应用方式之一，基于web的智能代理服务的工作流程是：用户通过客户浏览器向Web服务器发出查询请求；Web服务器向搜索引擎传递请求；搜索引擎根据用户的请求提示对所有数据进行组织分类，提取初步数据并将结果传递给智能代理系统Agents；Agents根据已有的用户信息表对传递来的数据再进行数据提取，过滤掉不符合用户需求的信息。同时，Agents根据新的需求信息和数据挖掘的结果更新用户信息表；将符合用户需求的信息结果传递回Web服务器，最后由Web服务器将结果返回客户浏览器。智能代理服务的优点是：能够为用户提供更为准确的信息，减少用户的搜索时间，加快信息的访问速度；可以利用数据挖掘技术从访问Log（日志）文件中提取用户的访问模式，用于决策推荐服务；采用聚类用户访问模式方法，预测用户未来的访问行为，进行相应的信息推荐。

4. 垂直信息服务

垂直门户是通过汇聚网上某一特定专题信息资源并对其进行挖掘及加工，以满足用户基于专业的深入的信息需求。对数字图书馆而言，垂直门户可以说是传统定题服务的延伸。垂直信息服务是通过提供专门化、个性化、精品化、高技术和创造性的服务，使新形势下用户的信息需求得到最大的满足，使情报工作在提高科研的效率和水平上真正发挥其应有的作用。这里的"垂直"一词既指专门而深入的信息服务，也是相对于传统信息服务面广而不够深入的现状而言。目前在大部分的数字图书馆中，传统的定题服务、回溯检索、代查代译、专题咨询等仍然是主要的服务项目，这种服务难以解决用户信息需求中潜在的一些根本性的或深层次的问题，也不能解决用户随信息技术的发展而产生的高精深的信息需求，与知识经济时代用户的需求极不适应。垂直信息服务的特点就在于它对网上的专题信息资源进行收集、鉴别、筛选、过滤、组织以及描述与评论，组织目录式索引提供源站点地址，并带有专业搜索引擎。它是立足于提供某一领域的精品服务。这种特定服务能够有效地把对某一特定领域信息感兴趣的用户与其他用户区分开来，更能满足用户的特定信息需求，从而提供个性化的、高质量的信息服务。

三、图书馆提供个性化信息服务的主要技术

（一）数据挖掘技术

1.数据挖掘技术及其功能特性

所谓数据挖掘，顾名思义就是从大量的、不完全的、有噪声的、模糊的、随机的实际应用数据中，提取隐含在其中的、人们事先不知道的、但又是潜在有用的信息和知识的过程。它是在没有明确假设的前提下去挖掘信息、发现知识。先前未知的信息是指该信息是预先未曾预料到的，即数据挖掘就是要发现那些无法依靠直觉发现的信息或知识，甚至是违背直觉的信息或知识，挖掘出的信息越是出乎意料，就可能越有价值。数据挖掘通过预测未来趋势及行为，做出前摄的、基于知识的决策。数据挖掘的目标是从数据库中发现隐含的、有意义的知识，主要有以下五大功能：

（1）自动预测趋势和行为

数据挖掘自动在大型数据库中寻找预测性信息，它根据时间序列性数据，由历史的和当前的数据去推测未来的数据。

（2）关联分析

它是反映一个事件与其他事件之间依赖或关联的知识。如果两项或多项属性之间存在关联，那么其中一项的属性值就可以依据其他属性值进行预测。也就是说，通过数据挖掘可找出数据库中隐藏的关联网，从而指导决策制定。

（3）聚类

聚类同日常所说的"物以类聚"相似，是把一组个体按照相似性归成若干类别。它的目的是使属于同一类别的个体之间的距离尽可能小，而不同类别的个体间的距离尽可能大。通过聚类，数据库中的记录可以被划分为一系列有意义的子集。聚类增强了人们对客观现实的认识，是进行概念描述和偏差分析的先决条件。

(4) 概念描述

概念描述就是对某类对象的内涵进行描述，并概括这类对象的有关特征。概念描述分为特征性描述和区别性描述，前者描述某类对象的共同特征，后者描述不同类对象之间的区别，生成一个类的特征性描述，只涉及该类对象中所有对象的共性。

(5) 偏差检测

数据库中的数据常有一些异常记录，从数据库中检测这些偏差非常有意义。偏差包括众多潜在的知识，如分类中的反常实例、不满足规则的特例、观测结果与模型预测值的偏差、量值随时间的变化等。偏差检测的基本方法是寻找观测结果与参照值之间有意义的差别。

2. 数据挖掘技术在个性化信息服务中的应用

目前，数据挖掘技术在个性化信息服务中最重要的应用就是 Web 日志挖掘。这种基于 Web 日志的挖掘技术发展迅速，通过访问 Log（日志）文件来提取用户的访问模式，利用 Web 日志可以获得页面的点击次数、页面停留时间和页面访问顺序等信息。通过分析 Web 日志可以获得相关页面、相似用户群体和用户访问模式等信息，个性化服务系统可以利用这些信息创建或更新用户描述文件。Web 日志挖掘中最常使用的方法是根据网页的点击次数来评价用户对该网页的兴趣，其实这种方法存在一定的欠缺，而且经常出现错误。但该方法可用于辅助其他日志分析技术。尽管 Web 日志的信息不够全面，但还是可以从中发现许多有意义的信息，比如通过收集用户顺序请求的日期和时间，可以分析出用户在每个资源上所花费的时间，从而可以推断用户对该资源感兴趣的程度；通过收集用户感兴趣的领域，有利于对用户感兴趣的内容进行分类；通过分析用户请求的顺序有利于预测用户将来可能的行为，从而推荐合适的信息。

(二) 数据推送技术

1. 数据推送技术及其特点

数据推送（Push）技术是一种信息发布技术，是指信息服务机构依据一定的技术标准或协议，主动从网上的信息源或信息制造商选择并获取信息，并以一定的方式（如电子邮件等）有规律地将信息传递给用户的一种技术。Push 技术最早于 1996 年由美国 PointCast 公司提出，它也因而成为第一个在 Internet 上使用 Push 技术发布信息的公司。其本质上是一种智能化的信息获取技术，它不仅能主动从网上搜寻信息，还能了解、推导、发现用户的兴趣，形成用户知识库，将获取的信息按照用户需求特征进行匹配，经过筛选、分类、排序后再推送到客户端上，用户可在任何时候浏览，从而有效减小了网络信息过载给用户带来的困扰。Push 技术有以下特点：

（1）个性化

用户只要在最初设定好规则之后，系统就能够自动跟踪用户的使用倾向，不需要用户的请求而主动地将信息传送给用户；Push 技术不仅可以针对用户的特定需求进行检索、加工和推送，而且还可以根据用户的特定信息需求为其提供个人定制的检索界面。

（2）灵活的通知方式

当有新的信息需要提交或到达时，依据传送信息的类型和重要性的不同，Push 软件会及时以发送 E-mail、播放一种声音、在屏幕上显示一条消息等不同的方式通知用户进行读取，提高了用户获取信息的及时性。

（3）智能化

Push 技术服务系统中的信息是高速流动的，不是停留在一个地方等人去寻找，而是有目标的，主动寻找合适的信息用户。为了提高推送的准确性，还可以控制搜索的深度，过滤掉不必要的信息。

（4）高效性

由于系统中信息能主动寻找用户，信息的有效传递率会大大增强，信息的利用率会大大提高，用户直接面对的信息量可以得到控制，信息的商业价值得以充分发挥，避免了垃圾信息对网络资源的大量占用。

2. 推送技术在个性化信息服务中的应用

（1）最新资料快报服务

通过推送技术开展最新资料快报服务，也就是信息服务机构在动态收集用户信息行为或用户定制基础上，建立用户信息需求模型，及时地将符合用户兴趣的最新资料推送给用户的一种服务方式，这是一种个性化内容定制服务。

（2）信息定题服务

利用网络推送技术，信息服务机构可为特约信息需求用户群体，长期或定期推送定向式、跟踪式的专题信息服务，即信息定题服务，这也是一种资源定制服务。如同济大学图书馆的信息定题服务可根据用户课题的主题制定检索策略，根据课题的学科范围选择数据库，并定期检索，将检索结果进行筛选，以电子邮件形式，每月或每季度将这些最新信息及时转送给使用者。

（3）智能化推荐服务

智能化推荐服务不仅能根据用户的特征提供具有针对性的信息，还能通过对用户专业特征、研究兴趣的智能分析而主动向用户推荐其可能需要的信息。

（三）智能代理技术

1. 智能代理技术及其特点

智能 Agent 技术是人工智能领域发展起来的一个概念，是指具有感知能力、问题求解能力以及与外界进行通讯能力的能持续自主地发挥作用的一个软件实体。它可根据用户定义的准则自动搜索收集用户可能感兴趣的信息，并根据用户指定的时间将其传递至用户指定的"地点"，成为用户通达资源的中介。智能代理技术是分布式计算的一个分支，广泛应用于商业、制造、金融、电子商务等领域。

（1）代理性

代理性体现在：它是"代表用户"工作的，它可以把其他资源包装起来，引导并且代替用户对这些资源进行访问，成为到达这些资源的方便的枢纽和中介。

（2）智能性

智能 Agent 可以做许多有高技术含量的工作，例如，理解用户用自然语言表达的对信息资源和计算资源的需求；帮助用户在一定程度上克服信息内容的语言障碍；捕捉用户的偏好和兴趣；推测用户的意图并代替用户完成工作等。

（3）自主性

一个智能 Agent 应该是一个独立自主的计算实体。它应能在无法事先建模的、动态变化的信息环境中独立规划复杂的操作步骤解决实际问题，在用户不参与的情况下独立发现和索取符合用户需求的可利用资源与服务。

2. 智能代理技术在个性化信息服务中的应用

智能代理由通信协作代理、界面代理、浏览代理、通知代理、监督代理、数据库管理代理以及信息探测代理等功能模块构成。它通过以下的功能来实现个性化信息服务：

（1）信息导航

如果信息用户上网查找信息，智能代理就能充分发挥它的记忆功能和分析功能，根据用户的浏览爱好，分析出该用户当前所感兴趣主题和专业领域，并能够向该信息用户建议与该领域更加密切的页面或链接。

（2）智能检索

信息用户在网上检索信息时，往往遇上检索到的信息大量重复、可用性差。而智能代理技术，能够根据信息用户的特定需求，进行信息过滤为用户提供更精确的信息。当信息用户指定了特定的信息需求以后，智能代理能够自动探测到消息的变化和更新，进而将其下载到数据存储地存放起来，并同时将该信息自动地提示给用户。

（3）生成页面

智能代理能依据信息所存放的信息动态地生成网页，给信息用户提供一个友好的浏览界面。用户通过这个界面可以进行互动式的交流，使智能代理能更好地为用户服务。

（4）管理信息库

智能代理能管理用户个人资料及其个人目录下的信息库，能方便自如地帮助用户从信息库中存取信息。此外，智能代理还具有监督代理、协调与解决冲突等功能。

（四）信息过滤技术

1. 信息过滤的含义

信息过滤是一种系统化的方法，用来从动态的信息流中抽取出符合用户个性化需求的信息。而传统的信息检索则是从静态数据库中查找信息。信息过滤系统检查所有的进入信息流并与用户需求进行匹配计算，只将用户需要的文档送给用户。相比于传统的信息检索模式，信息过滤技术具有较高的可扩展性，能适应大规模用户群和海量信息；可以为用户提供及时、个性化的信息服务；具有了一定的智能和较高的自动化程度。

2. 信息过滤的两种技术及其优缺点

信息过滤技术基本分为内容过滤技术与协作过滤技术：

（1）内容过滤技术

内容过滤技术是通过比较资源与用户描述文件来推荐资源。如果用户的描述文件没有正确描述用户的兴趣和行为，那么该方法推荐的数据可能与用户真正的兴趣根本不相关。过滤的结果只取决于用户信息需求模型与信息源的匹配程度。它的优点是简单、有效，缺点是难以区分资源内容的品质和风格，且不能为用户发现新的感兴趣的信息。

（2）协作过滤技术

协作过滤技术是根据用户的相似性来推荐资源，其关键问题是用户聚类。由于它是根据相似用户来推荐资源，所以有可能为用户推荐出新的感兴趣的内容。合作过滤系统的优点是能为用户发现新的感兴趣的信息。但是，它也存在缺点：其一是稀疏性问题，即在系统使用初期，由于系统资源还未获得足够多的评价，系统很难利用这些评价来发现相似的用户。另一缺点是系统可扩展性，即随着系统用户和信息资源的增多，系统的性能会下降。

3. 信息过滤系统在个性化信息服务中的作用

信息过滤系统在个性化信息服务中侧重于信息推荐服务，这种信息过滤技术更符合个性化信息服务的思想，可以作为数字图书馆信息服务的推荐系统的一种解决方法。过滤技术将对用户研究课题有利用价值的资料，尤其是最新资料，以所要求的方式及时地告知使用者，以便用户能及时地掌握该主题的最新研究动态。数字图书馆的过滤系统就是要从其巨大的资源中通过自身的过滤机制，将最符合用户需要的文献以用户友好方式及时地发送给用户，节省用户宝贵的时间和精力。

（五）其他相关技术

除了以上四种主要的个性化信息服务技术以外，还有 Web 数据库技术、门户技术和网页动态生成技术等等。Web 数据库技术具有跨平台支持传统数据库的优点，主要完成用户登录、身份认证、数据匹配等功能，由于 Web 数据库的开发使用统一标准 HTML，这就使得 Web 数据库具有了强大的适应性；而网页动态生成技术则主要根据用户的数据动态生成网页；门户（Portal）技术从表面上的表现形式来看可视为人机界面技术的一支，但实质上其内涵可以包容目前所有的个性化服务内容与相关技术，是一个综合性很广、实用性很强的实用技术。一个优良的 Portal 通常具有以下特性：用户界面友好，易于设定和个性化，尽可能不需要培训；组织性良好，以易于查找的方式将内容分类；具有自服务性，用户可以不依赖管理者管理和发布内容；具有可扩展性，支持新的数据格式和访问方式；有较好的安全性，能对授权用户进行识别和保护；有兼容性，能访问不同来源的、结构及非结构的各种数据。

第二节 图书馆个性化信息服务的模式与实施

一、图书馆个性化信息服务的模式分析

（一）图书馆必须树立个性化信息服务的意识

现代图书馆的个性化服务，主要是指读者坐在图书馆或家里通过电脑联网，点击相应的界面就可以获得他所需要的全部信息。这是一种集咨询功能、文献检索功能和文献提供功能于一体的现代信息服务方式，现代模式的个性化服务，使读者在服务时间、服务方式、服务内容上都得到满足，与以往较为被动的传统式服务相比，个性化信息服务有着鲜明的特点。针对这些特征，图书馆个性化服务的出发点是建立一套个性化服务机制，而非资源的简单收藏。

要引进和吸收全新的服务理念，根据用户的不同特点和具体需求，为他们量体裁衣，定做或由用户自己定制个性化的信息产品，吸引具有特定需要的用户，获取和利用图书馆个性化的特色信息资源和特色服务，图书馆必须首先树立个性化的服务意识。

1. 服务对象的个性化

服务对象的个性化是指为用户提供个性化定制服务。不同的用户有不同的个体需求，用户个体差异使其信息需求具有非常明显的个性化特色，现代信息技术促使个体信息需求观念发生变化，个性化成分进一步增强。个性化定制服务维护和发扬了用户的个性，体现了"以用户为中心"的服务理念。

2. 服务方式的个性化

服务方式的个性化是指根据用户的个体兴趣和特点开展具有特色的服

务。个体在心理、行为、体质、爱好、价值观等方面各不相同，这些差异造就了个性的不同，个性是个体在一定的社会环境和教育模式下所形成的相对稳定的个人性格。个性化服务就是根据用户的个体差异、个体需求来选择不同的服务方式。

3. 服务内容的个性化

服务方式的个性化是指图书情报机构用一些智能软件技术为用户提供专门服务。而用户也可以根据自己的需求选择自己需要的服务，服务内容不再是千篇一律，而是各取所需，各得其所。因此，图书馆开展个性化信息服务模式，不仅是适应图书馆用户需求多样化的需要，而且是提升图书馆用户服务质量的重要手段。图书馆的个性化服务作为图书馆特色服务的进一步深化，为图书馆的生存与发展带来了新的思路与希望。

（二）现代图书馆个性化信息服务的基本模式

1. 信息推送服务

"信息推送"就是网络公司通过一定的技术标准或协议，从网上的信息源或信息制作商那里获得信息，然后通过固定的频通向用户发送信息，是一种新型信息传播系统。推送技术则是一种按照用户指定的时间间隔或事件发生的需要，把用户预约范畴的最新数据，自动推送给用户的计算机数据分布技术。信息推送服务最大特点是实现用户一次输入请求，用户便可以定期地、不断地接到最新的信息，充分体现了信息服务的主动性。可以说，信息推送服务是传统定题服务在数字图书馆中的一种再现，图书馆可以定期或不定期地不断地向用户提供新的有关信息，也可以为用户进行定题跟踪服务。

2. 呼叫中心服务

信息呼叫中心服务是通过计算机电话集成技术，将电话、传真机、电子邮件、视频等通讯和办公设备输入一个强大的工作站，并与企业连成一体的综合信息服务系统，这是提供一对一的用户服务系统。呼叫中心最突出的特点是能够24小时全天候提供智能化的服务，客户可以随时通过各种通信手段获得信息或解决问题。

3. "我的图书馆"服务模式

能够将个性化资源定制、界面定制等各种类型的定制服务集中于一体，为用户提供一个统一的可操作性平台服务系统，主要有"我的图书馆""我的用户"等等,其称谓虽然不同,实质却都是一种根据个人兴趣和爱好,灵活组织馆藏资源和网络资源于一体的个性化服务平台,它们基于灵活分析,可方便定制的个性化资源组织机制,使用户在定制信息资源内容、显示格式、检索机制乃至服务类型后,系统可以据此在用户的个性化主页上显示相应的页面布局、服务类型、资源内容,并定期自动检索符合用户定制需求的信息,将最合适的结果按定制方式反馈给用户。

4. 垂直信息服务

目前在大部分图书馆中,传统的定题服务、回溯检索、代查代译、专题咨询等仍是其主要服务项目,这种服务不能解决用户信息需求中潜在的一些根本性的或深层次的问题,也不能解决用户随信息技术的发展产生的涉及高技术的信息需求。用户对信息的需求贯穿于整个科研过程中,然而,如何利用信息以了解自己所处的科研环境,如何才能甄别并获得自己最需要的信息,许多用户自己并不清楚。随着社会经济和信息环境的发展,用户对图书馆信息服务的要求将趋向精品化、高技术和创造性的服务等。图书馆服务用户潜在的和深层次的需求,图书馆必须采取主动性的、交互性的服务。

5. 网络智能知识服务

网络智能知识服务系统由计算机信息服务系统发展而来,但又区别于一般信息服务的信息系统,它是一个在网络环境下,采用人工智能信息处理技术,同时从知识本身的特点出发,采取符合知识实际特点的资源采集、加工、存储和服务等方案进行服务的综合系统。

个性化信息服务模式不是独立运作的,而是几种模式配合并存的,在实际工作中,不同的图书馆可以根据自身的技术条件、馆员素质、知识结构、服务及管理机制等,选择组合使用。同时,愿更多的图书馆能产生出更好的个性化信息服务模式,推动图书馆个性化信息服务的进程。

二、图书馆个性化信息服务的实施

随着计算机的应用,特别是互联网的普及,信息的膨胀和技术的进步,传统图书馆的运行体制和服务形式,日益暴露出其重藏轻用、效率低下、时效缓慢、程序繁琐等种种不利弊端。现在,较先进的图书馆都开始引入计算机和网络技术,建设网络载体的数字化图书馆,在适应当前信息量急剧增长的同时,也针对信息需求的变化,开始推行信息个性化服务。

第七章 图书馆个性化信息服务管理

图书馆的信息个性化服务，改变了传统的信息服务关系，就是以用户为中心设置服务体系，以需求内容为指导设计服务项目，以客户特点为参照组织服务活动。信息个性化服务改变了图书馆内外组织运行格式，重新排列了其工作程序、任务重心、优先顺序，导致了图书馆整体功能、运行方式、管理技术的一系列改革发展，已经成为现代化图书馆的主要服务形式和标志性特征、是图书馆发展的必然方向。

图书馆个性化服务的实施，就是其运行和服务体系的重组。目前，研究界对这种重组提供了三种方式：一是以数字化存储为核心的重组，利用数字技术进行信息资源的收集、存储、传递，实现针对个性化需求的服务满足；二是以系统管理为重点的重组，根据客户特点建立全新的工作流程和服务体系；三是以计算机及网络技术为基础的重组，通过互联网等多媒体手段，有效提供更及时、更便捷、更大容量的信息服务。各种方式重组的共同目标，是通过广泛的信息共享和先进的计算机技术，为信息需求者提供适应个性化需要的全面服务。

图书馆的个性化服务的体系重组，体现在服务方式的多样化、服务手段的数字化、运行体系的目的化和信息提供的系统化。在信息空间迅速扩展的形势下，人们对信息的兴趣和需求逐步离散，差异越来越大，满足这样日益复杂多样的信息需求，实施图书馆的个性化信息服务，必须在体系重组中解决好技术准备和流程再造两个领域的关键问题。

在技术领域，图书馆个性化信息服务的实施，必须以现代通讯技术、网络数字技术为依托，多种存储、检索、传输、交换技术相互交融渗透，来提供所需的技术支持、保证条件。其中，关键是要完成好信息搜索、信息挖掘、信息组织和信息服务提供的技术准备。

（一）信息搜索

现代图书馆的信息资源，是建立在广泛交互基础上的信息共享。而当前的信息总量，每天都在以几何基数急剧增长，依靠传统的手工作业，根本无法进行信息搜集整理，必须建立使用数字化的搜索引擎，来实现大容量的信息查询搜索。搜索引擎（Robot）是一种利用 Internet 平台快速搜索、连接相关信息资源的信息发现工具，涉及 HTTP 数据传输标准协议、HTML 数据传输语言、分词技术、数据存储和 GGI 网络接口技术，是网络技术中最核心的引导技术。针对个性化的信息服务要求，图书馆要建立使用适应自身资源和客户特点的单元快速搜索引擎、垂直专业搜索引擎、独立设置搜索引擎和特色智能搜索引擎。

（二）信息挖掘

在各类存储载体中，特别是Internet网络空间，承载着大量模糊、潜在的信息资源，仅仅利用设置条件的随机搜索，难以全面搜集有效的使用的信息。Internet中一般都在使用Web信息挖掘工具来进行信息组织，但其信息发现范围和搜索精度均存在一定的缺陷。国际上比较先进图书馆的信息挖掘多使用OLAP（联机分析处理）工具来帮助我们进一步广泛、快捷、专业、准确地发现索引所需的信息资料。在引进消化这些先进技术同时，我们还可探索建立适合信息我国图书馆系统的整合工具，为信息挖掘提供便捷通道。

（三）信息组织

目前，网络传输的信息资源组织，都是通过公用搜索引擎、通用信息挖掘工具来完成的，其选择性和挖掘效果，对于千差万别的个性化信息需求，仍显不够方便实用。要帮助客户在最短时间内，在海量的信息流中检索查找到真正有用的资料，还要开发更好的信息组织整理工具。国内外已经提出了元数据（结构化数据描述）、ASP（服务器动态网页）、JSP（动态网页扩展）和XML（结构化中介描述格式）等一系列提高信息组织效率的工具或理论设想，主要是在常规的信息搜索、挖掘方法的基础上，通过更细致地对所需信息的描述、搜索限定，为用户更加精确地组织整理出适合要求的有效信息。

（四）信息服务提供

信息个性化服务，要求我们除了要在内部信息存储、检索以及组织上提升技术水平以外，更重要的是全面充实、改进向用户提供信息过程的服务技术。根据我国图书馆体系的具体情况，一方面，要以国家图书馆为核心，在建立信息资源共享体系的同时，协调建立交互式的客户服务连接体系；另一方面，要积极探索开发延伸窗口功能的客户随身服务的技术条件。未来的图书馆，不仅要存储、管理信息资料，还要存储、管理个性化的用户档案和需求资料。因为只有切实完善了服务延伸条件，才是真正地以客户为中心建立起了新型的、个性化信息服务体系。

在足够的技术支持条件下，实施个性化信息服务，在操作上就是个性化服务体系的建设。其主要思路是图书馆工作立足点的根本转移，就是改变传统的以馆藏资料为中心的运行模式，重新建立围绕客户需求，提供主动、个性化信息服务的业务组织体系。

首先，要调整内部组织重心，重点建设服务端口。根据端口传来的需求信息，再造后端的管理、保障程序；其次，要建立用户档案，分析用户需求，监测用户流动和需求变化。及时调整信息储备方案，改进优先检索工具；第三，要提高队伍素质，改进服务作业水平。完善员工业务培训、服务培训制度，建立用户联系机构，设立主动服务标准。同时要不断推出和改进适应用户要求的服务方式，逐步开发用户随身的延伸服务，用户提议的协助工作式服务。

探索图书馆业务组织形式的改革，实施个性化信息服务，是当代图书馆发展的必然趋势。同时，推行个性化信息服务的业务组织模式，不仅会引导我国图书馆事业向现代化水平迈进，而且对扩展图书馆功能，营造图书馆新型运营体制都具有十分重要的理论意义和探索价值。

第三节 数字图书馆个性化信息服务分析

一、数字图书馆个性化信息服务模式

对于数字图书馆个性化信息服务模式，也在摸索实践中。根据技术标准，数字图书馆个性化服务的主要形式有以下三种：一是个性化推送与定制服务，二是个性化推荐与报道服务，三是个性化知识决策服务。个性化信息服务可分为四种类型：个性化内容定制服务，个性化信息检索定制服务，个性化界面定制服务，个性化信息推荐服务。上述两种说法不同，含义相似，我们主要讨论数字图书馆个性化服务的三种形式：一是个性化推送与定制服务。即根据用户的兴趣偏好，采用定制的web页面、分门别类的信息频道（或信息栏目）、发送E-mail等方式，把具有针对性、特色性的信息传输给具有特定需求的用户；二是个性化推荐与报道服务，也就是通过智能化推荐和主动报道的途径，深入分析用户的专业特征、研究兴趣，从而主动地向用户推荐其可能需要的信息，是一种比较深层次的信息服务方式；三是个性化知识决策服务。这种服务强调充分运用数据挖掘、语义网络、知识发现等先进技术，对有用的信息内容再进行深层次的分析与挖掘，向用户提供能够用于

决策支持、智能查询、科学研究等知识服务方面的规则和模式。

二、数字图书馆个性化信息服务系统的功能

（一）个性化检索

个性化信息检索是指数字图书馆用户根据自己的目的和需求，利用某些特定的网上功能和检索方式，自己设定信息的来源方式、表现形式、特定网上功能及其他网上检索方式等，以达到最方便、最快捷地获取自己所需网络信息资源的目的。例如，用户通过统一的检索界面一次性地检索馆藏书目数据库以及各种网络资源，并对检索结果的计算标准、输出格式、排序方式、重复记录整合方式、下载格式、传送地址等进行定制。个性化信息检索的实质是将接受信息的主动控制权交到用户手中，个性化信息检索方式对用户的要求较低，用户只要提供所需信息类别即可，具体的信息路径由Web服务器给出。

（二）个性化定制

个性化信息定制是指由用户主动向图书馆提供个人的信息需求和兴趣，图书馆据此建立用户模型，并向用户提供其所需的信息资源和服务内容。用户的定制行为建立在系统预先形成的定制模板之上，数字图书馆根据用户需求及资源本身的特点，对可提供的资源及服务进行分类组织，形成多个资源与服务模块。用户可根据自己的需要从中选择内容，包括如下一些定制行为：第一，系统界面定制。用户可对页面结构进行定制，选择自己需要的模块、页面布局等。第二，资源与服务定制。用户可定制网上资源、数据库、电子书刊等。并可以定制服务内容、服务结构的推送方式等。如最新资源通报的定制，系统可根据用户兴趣从馆藏资源中选择最新的资源定期提供给用户。第三，定题服务的定制。针对用户的科研、教学等信息需求，根据用户事先选定的专题，通过跟踪最新的信息资源为用户定期或不定期的提供信息的服务，并应用推送技术通过网络主动、及时将最新信息传递给用户。

（三）个性化推荐

个性化信息推荐是指使用多种信息分析技术，根据用户的专业特征、研究兴趣、个人偏好进行智能分析，从而主动地向用户推荐其可能需要的文献信息，帮助用户完成信息获取，并根据用户的反馈进一步改进推荐策略。其实质在于对不同用户采用不同的服务策略，提供不同的服务内容，主要包

括两个方面内容：一方面服务内容的个性化。根据用户自身的兴趣、爱好和需求，并充分考虑用户需求的差别，向用户推荐感兴趣的信息。另一方面服务方式的个性化。信息提供者针对用户的个性和特点，主动为用户选择并传递最重要的资源和服务，并根据用户的需求变化，动态地改变所提供的信息。此外，还包括根据用户个人兴趣或特点来开展服务，如通过分析用户的浏览活动和查找行为来进行对信息内容的推荐。

（四）个性化咨询

个性化信息咨询是指以因特网为载体，进行在线的、实时的咨询服务。读者不用到馆，就可以获得及时的信息服务。咨询的方式可以通过用户按照自己的意愿和特定要求进行定制，形成"我的咨询馆员""我的咨询专家"等一对一的咨询系统，并通过 E-mail 等工具进行咨询，还可以通过微信、QQ 等聊天工具进行在线的实时咨询，并且用户可对咨询结果的提供方式提出自己的要求。

三、数字图书馆个性化信息服务的关键技术

数字图书馆个性化信息服务的应用技术，集现代信息技术之大成，它包括推送技术、智能代理技术、智能搜索引擎技术、网页动态生成技术、数据挖掘技术、信息过滤技术、过程跟踪技术、安全身份认证技术、数据加密技术等，都可以为数字图书馆的个性化服务提供技术支持。

近年来，数据挖掘技术开始应用于数字图书馆个性化信息服务领域，使数字图书馆的个性化信息服务有了较大的变化和发展。相关学者提出了基于数据挖掘的数字图书馆个性化服务，数字图书馆的数据挖掘是从数字图书馆大型数据库、数据仓库和浩瀚的网络信息空间中发现并提取隐藏在其中的信息，目的是帮助信息工作人员寻找数据间潜在的关联，发现被忽略的要素，而这些信息对预测趋势和决策行为也许是十分有用的。基于数据挖掘技术的数字图书馆个性化服务系统的工作原理如下：提取原始信息和收集用户特征，数据预处理和数据转换，确定数据挖掘目标，数据挖掘，结果分析和知识的运用。

信息检索技术主要是在数字图书馆个性化信息服务系统中进行信息检索，主要涉及结构化信息检索，即对元数据进行检索，全文检索，异构、异地数据源的检索，概念检索和多媒体检索。信息过滤技术主要是人们采用信息过滤技术,将检索结果和用户兴趣模型进行比较,根据比较结果选出用户需要的信息。信息过滤技术基本分为两类:一种是基于内容的过滤;另一种是协作过滤。为了综合基于内容和协作过滤两种方式的优点,数字图书馆可以采用基于混合模式的信息过滤模型,从而提高信息过滤的性能。信息推送技术是一种信息发布技术,实质上是一种应用软件,这种软件可以根据用户的定制,自动搜集用户最可能发生兴趣的信息,然后在适当的时候,将其传递到用户指定的地点。

四、图书馆开展个性化信息服务需注意的问题

（一）要以用户为中心

个性化信息服务要将以用户为中心作为出发点和归宿。要考虑服务用户群的类型、特征,分析用户的需要,并依据用户的信息使用行为、习惯、爱好和特点等建立用户档案、用户信息库。信息的获取可以通过多种途径来进行,如用户在网站上进行检索查阅后的历史记录,通过这些记录,可以了解到用户所需的检索内容及兴趣,有针对性地为用户提供咨询服务,帮助用户扩大检索面,提高查准率。同时,通过跟踪服务,可了解用户在一段时间内的检索内容,找出其相似性,从而及时更新数据库的内容,满足用户的检索需求;通过用户在网站登录注册时所填写的个人有关信息,如学历、爱好等;通过外部数据库提供的个人信息,主要包括有关个人信用等数据库提供的信息及联合图书馆中其他数据库提供的日志信息等。

（二）要完善技术,增强服务主动性

个性化服务理论是在科学技术不断发展的情况下产生的,只有运用先进的技术才能更好地发挥个性化服务,体现服务的主动性。一方面,要把已经成熟的技术运用到个性化信息服务系统中去。例如,Web 数据库技术以及信息推送技术等。同时,要积极探索那些尚在发展中的技术,应尽早地在系统中予以实施。例如,智能代理、知识挖掘技术等。另一方面,与国外相比我国的个性化信息服务系统在技术上还存在一定的差距,所以要及时跟踪国外图书馆软件开发的最新功能,研发出适合我国图书馆的相关软件,以此来完善服务系统。

（三）加强人员素质,提高服务专业化水平

个性化信息服务是知识密集型和技术密集型的服务,这种服务对信息

服务者的素质要求比较高。虽然个性化信息服务系统依赖于成熟的技术，但是机器不可能完全取代人的服务，机器也不可能提供全部的服务，所以一方面要提高图书馆人员的整体素质，要求图书馆员工达到在熟悉一门基础学科的基础上拥有相关学科的知识；另一方面要加强学科馆员服务模式建设，数字图书馆以它的资源特点、服务功能为学科馆员提供了一个新的服务平台，他们以其专业的学科背景和丰富的信息专业知识为基础，在此基础上根据用户的不同需求提供专业化服务。

（四）加强个人隐私及知识产权管理

首先，对于保护个人隐私来说。由于为了更好地了解用户的个性化需求，因此必须搜集用户的个人信息，包括个人信息和借阅记录等。由此，信息的安全性就成为了保护用户隐私的重要问题。一方面要加强网络安全技术，注重对用户身份的鉴别，保护个人隐私。如运用加密技术，数字水印技术、访问控制技术等。另一方面，用户也要加强自身的防范意识。如在登录及退出系统时要按系统步骤操作，用完后及时退出，以防个人信息泄漏。其次，要注意知识产权问题。在建设和使用个性化信息服务系统过程中，不可避免地要遇到知识产权保护问题。如在为用户提供定制、下载和复制保存等服务时，都存在着涉及版权保护的问题。解决版权问题最好的方法是建立法律制度或相关的法规政策，使版权保护与利用做到有法可依、有章可循。这些法律或法规的制定可以参考西方发达国家的法律制度，同时也要结合本国国情。

（五）加强用户推广策略

由于许多用户对图书馆的个性化信息服务还不是很了解，那么就需要图书馆对用户进行引导和宣传。一方面通过对用户进行信息知识教育来正确引导用户利用个性化信息服务系统。其教育内容包括图书馆的信息资源类型和分布状况、图书馆个性化信息服务系统介绍、网络知识、个性化检索知识等。其交流方式可以采取定期讲座、在线多媒体交互、在线答疑等方式。另一方面要加大对个性化信息服务的宣传力度。例如，可以通过引入电子商务的服务模式和营销理念来推广数字化信息服务。在对个性化信息系统进行教育和宣传的过程中，要注意用户的反馈。反馈信息是完善服务系统，提高服务质量的重要信息来源，要力争做到及时获取，及时答复用户，让用户满意，同时这也是树立网络环境下图书馆个性化信息服务良好形象的重要举措。

在数字时代，个性化信息服务将是数字图书馆发展的重要趋势，也是今后图书馆用户服务的重要形式。目前，个性化信息服务系统取得了一些进展，但是和用户的实际需求还有很大差距，在资源整合、检索方法以及主动推送的质量保证等方面都还有待进一步的提高和完善。所以，图书馆要积极借鉴国外的先进理念和技术，结合本国国情，逐步完善个性化信息服务系统，真正把图书馆信息服务建设落到实处，让更多的用户从中受益。

第四节 网络环境下图书馆个性化信息服务

网络环境下图书馆个性化信息服务是指通过网络等信息技术手段，针对不同的用户需求，采取不同的服务方式，提供不同的信息内容来满足用户信息需求的一种服务模式。

一、图书馆开展个性化信息服务的现状分析

（一）信息资源建设方面

信息资源建设是个性化信息服务的前提。实践表明，信息用户在科研及工作中所需要的数据和参考文献等信息，不论是传统藏书还是网络资源都无法全面满足。目前，图书馆业务虽已进入网络化，但信息服务仅仅局限于书刊检索、网上阅览等，即使有的主页上存在读者咨询的内容，但也比较分散、不系统。这种信息服务只是把原来非网络环境下的信息"移植"到网络上，没有把整个网络资源置于图书馆视野下考虑，缺乏对网络资源的重视。至于如何把网络信息资源和图书馆的文献资源建设、图书馆读者服务、个性化信息服务结合起来，这样的实践活动更少。

（二）网络技术方面

成熟的网络技术是图书馆个性化信息服务的重要支撑。目前支持个性化信息服务的技术已基本成熟，如定制Web页面、信息频道或信息栏目、完成用户登陆、身份认证技术、动态生成技术、数据推送技术以及数据加密技术等。有的仍在完善中，比如全文索引、信息过滤、智能代理、Web服务等技术。但是生成相对完整方案的信息融合、数据挖掘、知识表达等方法和技术还有待于进一步研究，同时尚存在若干难点，比如人类大脑融合信息、激活知识的机理还没有被人们完全掌握，从定性到定量再到定性的综合集成

方法、系统辨识方法还不成熟。信息融合、信息建模、服务集成、知识表达、知识挖掘、客户关系建模、智能推拉等技术还无法普遍应用,这些技术方面的不完善和存在的难点,成为个性化信息服务开展的瓶颈,其开发研究仍然任重道远。

（三）服务与管理方面

服务观念的确立决定了图书馆开展信息服务的方式方法。传统的图书馆信息服务主要以文献为单元,进行文献的收集、整理、保存和传播,服务中突出共性而忽略个性。网络环境下的图书馆应以知识和概念为单元,对数字化信息资源进行组织和管理,强调服务与被服务间的一一对应关系,以提供个性化信息吸引具有特定需要的用户获取和利用图书馆个性化的特色信息资源和特色服务,服务中既要有共性的一面,更重要的要突出个性的一面。

管理分为两个层面：一是管理者具有什么样的思想观念；二是建立什么样的管理机制。在对网络环境下的图书馆服务进行定位时,有的管理者只考虑对上级领导负责,只考虑经费、设备、馆舍、藏书、阅读量等,"以图书馆为中心",很少考虑用户需求。在管理机制方面缺乏执行的标准,难以衡量网络环境下信息服务的好坏,缺乏激励机制,对具有提高服务质量、深化服务内容的个性化信息服务形式,缺乏主动探索的热情。

（四）信息用户方面

用户信息能力及其个性化信息行为决定每个用户表现出的信息需求必然带有个性化的多元化性质。图书馆的信息用户对信息服务的要求层次较高,他们所需要的信息服务往往是某一学科发展最新、最前沿的,经过再构筑、再组合的信息,广泛、大量、高层次的个性化信息服务成为图书馆用户需求特征,其信息需求已经呈现多元化、综合化以及社会化的趋势。

（五）用户隐私安全方面

在开展个性化信息服务的过程中,有必要收集用户的个人信息,这就涉及用户个人信息及隐私权的保护问题。用户或出于保护隐私方面的考虑,或出于安全策略方面的考虑,在定制个性化信息的同时,有时又不愿意提供较充分的个性需求信息。图书馆在开展个性化信息服务时,应该对用户给予尊重,争取通过至诚服务与用户建立起在安全规范允许下的诚信关系。

二、网络环境下图书馆开展个性化信息服务的策略

（一）树立"以馆员为中心"的现代图书馆管理理念

现代图书馆的主要功能是以知识选取与存储、知识重组与再生产为内容的人性化、个性化知识服务。这种服务体系下的图书馆管理强调以人为本，此处的"人"应包括两个方面：作为服务客体的用户和服务主体的馆员。传统图书馆大多注重服务客体，而忽略了对服务主体的重视。事实证明，无论是信息采集、分类、加工等业务工作，还是面向用户的流通阅览与参考咨询工作，在同样条件与环境下，由于馆员个人素质与能力的不同，在工作效果上就会产生非常大的差异。随着图书馆的功能由单纯的收藏转向信息开发和服务，馆员在实现图书馆的功能中应当逐渐担任主角。

个性化信息服务要求图书馆员具有独立自主的批判性和创造性思维，要精通图书情报知识，熟练掌握现代信息、网络、多媒体等技术，由传统的单一化文献服务向以提供知识单元服务的多元化角色转变，成为信息的提供者、管理者、顾问、专家。个性化信息服务需要一支高素质的、协调的服务团队。

（二）树立"以用户为中心"的现代图书馆服务理念

图书馆存在和发展的根本原因是满足人对知识、信息的客观需求，"以人为本、用户至上"的人文关怀是图书馆服务的永恒主题。在现代社会中，网络作为信息的重要平台，极大丰富了图书馆的文献资源，突破了图书馆的物理界限，实现了图书馆的异地服务，满足了用户的各种需求。这使图书馆的地位发生了根本的改变，它已由"文献中心"演变成"用户中心"，图书馆服务的重心应切实转移到用户需求上来。

现代图书馆的知识服务紧密地将信息用户、信息资源和信息技术结合起来，针对用户结构、用户对服务的需求层次和满足程度，连续地收集用户数据，深入研究用户信息需求，建立明确有序的用户信息反馈渠道和科学、可行、系统化的评测指标，借以客观准确地反映和评价图书馆服务运行的状态和效率，指明需要改进的环节和项目，有针对性地调整服务对策，从而扩大和提升图书馆的知识服务。知识服务的最后评价不是图书馆是否提供了信息，而是通过服务是否解决了用户的问题，帮助用户找到了解决问题的方案。

（三）积极引导用户需求保护用户隐私安全

用户需求是图书馆服务工作存在和发展的前提，图书馆普遍存在用户个性化需求能力较弱和个性化信息质量不高的问题：前一个问题的解决办法是对信息用户进行培养，向用户及时介绍最新的知识、技术、信息资源、检索工具以及服务方式，提高信息用户的信息素养和获得信息的综合能力，引导用户的信息需求；后一个问题形成的原因是图书馆在提供个性化信息服务时，不考虑用户的信息反馈和需求变化，不能准确反映用户的信息需求。在各类个性化信息的质量问题中，专业信息的质量问题尤其突出。

图书馆个性化信息服务的整个过程都存在对用户隐私造成侵犯的可能。没有征得用户同意而收集用户的信息，数据使用时保密措施不强造成用户信息泄漏、盗用，这些都侵犯了读者的隐私权。图书馆在积极开展个性化信息服务时，必须重视用户隐私保护工作。从国家层面来看，要加强立法保障制度，尤其是在网络环境下使得隐私权的保护有法可依；从用户角度来看，用户要增强个人隐私保护意识。作为图书馆，应该加强个性化信息服务的宣传，打消用户的顾虑；多与用户沟通，找准每一类用户的隐私侵犯底线；公布隐私声明，签订共同遵守的协议；公布信息收集人员的权利与义务；加强技术防范措施。

第八章 图书馆人本化信息服务管理

第一节 图书馆人本化信息服务管理概述

一、图书馆信息服务人本化的本质解读

（一）本的含义

人本思想的精髓是"以人为本"，此处的"本"是指"根本""本质""出发点"等等。出于适应实际情况的考虑，有很多组织或企业打着人本思想的口号，但是大多数都是说得多，落实得少。在实际工作中，还是会无视员工的价值，只是把员工当成谋利的工具，再则不重视用户的需求，缺乏主动为用户服务的意识。造成这些现象存在的重要原因就是这些组织对"本"的理解存在偏差。

首先，用户是图书馆工作之"本"，为用户服务是图书馆工作的终极目标所在，是图书馆永恒的工作重心，是图书事业发展的动力、生命之源。只有图书馆的信息被充分利用，才能实现图书馆的价值。目前，图书馆应该朝着为用户提供全方位一站式服务的方向努力，与不同的信息机构紧密联系起来，以用户的需求为根本目的，不断加强图书馆馆藏建设，为用户提供高效、便捷的数字化服务。图书馆不仅要重视员工的服务质量和用户的感受，更要重视用户的反馈信息，这样才可以保证图书馆服务质量的持续提高。

其次，图书馆员工自我实现的欲望中原有的合理因素形成了员工个人的"本"，这也是图书馆工作应该关注的问题。这些员工之"本"包括但不限于：合理的绩效评价体系、有竞争力的薪酬水平、融洽的人际关系、舒适的工作环境、提升职业素质和实现自身价值的空间、社会对图书馆工作人员的认同度与个人尊严等内容。在图书馆工作中，要想提高员工的工作热情和

工作效率，领导层就要对员工之"本"给予高度的重视和充分的满足。否则，如果忽略了员工之"本"，便会影响到工作，在员工心里留下怨言，为以后的工作留下隐患，进而影响图书馆为用户服务的质量。

（二）以用户为本

图书馆信息服务人本化就是以用户为中心的服务，尊重用户，千方百计满足用户对信息的需求。想用户之所想，急用户之所急，让用户用最少的时间和精力，获得最新、最适用的知识、信息，从而发挥图书馆的最大效益。在图书馆管理中体现的人文关怀，例如依靠人力资源，开发人的潜能等等，这些都是为了更好地为用户服务。

图书馆的每个用户都不应因为年龄、种族、性别、宗教信仰或社会地位的不同而受到不公正的对待，每个人享有平等接受图书馆服务的权利。对那些不能正常享受服务的用户，图书馆应该向他们提供多样化的特殊服务，例如残障人士、病人或监狱囚犯等，都应得到图书馆为其提供的信息服务和资料，这样有助于消除知识、信息贫富之间的差距。

图书馆是一个开放的知识与信息中心，以公益服务为基本原则，以读者为一切工作的出发点。用户在图书馆事业的发展中起决定性作用，只有从对用户的服务中才能充分展现出图书馆的传递属性。要想提高图书馆服务质量，就要处处为用户考虑，设身处地为用户提供他们需要的服务。

（三）图书馆信息服务人本化本质

图书馆的一切活动都是围绕用户展开的，所以图书馆信息服务人本化的本质就是一切工作以用户为根本的出发点和落脚点。

在图书馆的服务中，核心是"人"，也就是图书馆用户，用户被置于图书馆工作中最重要的地位，而不是员工。图书馆员工在工作中扮演的是辅助图书馆服务用户的角色，培养良好的沟通技巧，无论哪个职位或部门员工的价值都应该被重视，员工合理的需求应该得到满足。同时，员工应该首先考虑用户的需求，以用户为根本，通过加强自身综合素质的提升，不断提高服务质量。

以人为本的服务本质是为用户服务，要完全实现图书馆信息服务人本化需要做到以下几点：首先，把用户放在首要地位，把用户作为重要的资源，以用户的需求和特征为根本，服从于用户。其次，尊重用户，既要顾及到每个用户的共性，又要尊重每个用户的个性化需求。不管用户地位高低、能力差异，都应该得到尊重和满足。第三，服务于用户，转变管理员工的观念，即把对员工的管理活动转变为对用户的服务活动。

二、图书馆信息服务人本化的必要性

（一）图书馆信息服务人本化是时代的需求

我国一直在大力倡导和谐社会的建设，人本思想的运用也随着和谐社会的建设逐渐深入人心并被应用到各个领域。图书馆一直致力于提高广大人民的文化修养、教育水平、精神面貌、道德水平等，因此，图书馆也能够对建设和谐社会起到无可替代的重要作用。在图书馆工作中贯彻和落实人本思想，可以为和谐社会的快速发展提供全方位有效的支持，是图书馆必须要顺应的时代潮流和使命。

（二）图书馆信息服务人本化是科学发展观的贯彻落实

"以人为本"的科学发展观落实在具体的图书馆实践中，就是以用户为本的图书馆服务，通过满足用户的需求，有效地、高质量地为用户服务，从而实现图书馆的价值，最终达到图书馆的目的。

（三）信息服务人本化是图书馆提高服务水平的要求

图书馆信息服务的宗旨就是以人为本、用户第一，这也是服务工作活力之所在。只有认真贯彻人本思想才能提升图书馆的服务质量，提高图书馆的工作效率。为用户服务是图书馆服务的最终目标，以用户为本，从用户的角度思考问题，为不同类型的用途提供平等、特色甚至是一对一的服务，是图书馆进一步提高服务水平的根本。

三、图书馆人本管理的内容

（一）对馆员的重新认识与定位

重新认识馆员是从人们对人性认识的不断深入和馆员在管理中地位不断地提高这一角度上而言的。要重新认识馆员就要求管理者做到两件事：一是正确把握馆员在图书馆管理中的地位和作用；二是根据人性假设理论对馆员的思维模式和行为方式进行研究。

第一个问题从管理理论的发展过程就可以看出。管理理论经过以机器为本、以技术为本、以资本为本三个阶段才能真正进入到以人为本的第四阶段。为什么图书馆要发展以人为本的管理模式,以人为本的管理方式是否可行以及必要,图书馆人本管理的内涵是什么,理论基础是什么,应该采取什么模式等问题,在前面的论述中已经进行了回答。

第二个问题则要通过人性假设和人的行为学来分析解决。根据之前的"主观理性人"假说,每个馆员都有特定的偏好,所以要根据不同的馆员,不同的偏好选择不同的方式进行管理。管理是一个复杂过程,管理环境的多样性和管理对象的复杂性决定了不存在所谓的最好的适用于一切情况下的管理模式。例如,有人看重经济利益,那么物质奖励对他有特别的激励效果;有人更注重工作环境中的人际关系,为了工作环境的和谐,宁愿选择报酬较低的工作;有人偏好刺激具有挑战性的工作,工作本身可以带给他很大的乐趣等。对于这些偏好集不同的人应该采取不同的激励手段。对某些具有共同特征及相似偏好特征的馆员,图书馆可以采取一致的管理方法。例如,对于基层馆员来说,物质上的激励通常较为有效;对于中高层管理人员,精神激励更为有效。随着馆员福利的提高,低层次的激励效果逐渐减弱,此时应采取较高层次的激励措施。

图书馆可以通过教育培训、交流沟通、图书馆文化建设等手段引导馆员偏好集的方向,这会影响他们的行为模式,使馆员的行为有利于图书馆目标的实现。例如,在引进新人时要促使他和图书馆工作环境相融合,必须要让新进馆员尽快地认同本图书馆的服务理念、价值观、行为惯例等内容,使他的思维方式、工作模式随着本馆的发展需要而改变。要在图书馆内建立顺畅的信息沟通管道,及时向馆员提供对双方都有利的信息。否则,由于馆员获取信息的能力有限或是不正规渠道导致的信息扭曲,会造成某些馆员主观上认为个人利益与图书馆利益是相冲突的,实现自己的利益就会损害图书馆的利益。可有时事实并非如此,所以作为图书馆管理者,应该及时发布一些必要的信息,帮助馆员进行分析和决策,以同时实现馆员和图书馆双方的利益。及时帮助馆员制订个人职业生涯发展规划,并向馆员提供图书馆对他的培训计划,使其感觉到在本图书馆工作有发展,这样会提高他工作的积极性、主动性和创造性。

主观理性人的假设告诉图书馆管理者,对馆员行为具有影响的因素是多方面的,这就提供了多种激励方式。这种多方面的影响因素使馆员在作决策时所参考的因素也是多角度的，任何一个因素的变化都有可能影响馆员的心理满足程度，从而影响馆员的行为方式。馆员生活在复杂的社会环境中，在社会生活的诸多领域中都会有自己的期望和需求，而这些期望和需求满足的标准又不尽相同。虽然这似乎使事情复杂化了，但同样地，无论是在哪一个领域中，只要图书馆满足了馆员的需求，他就会得到满足感，就能够达到图书馆的激励目的。

（二）图书馆人本管理激励模式

1. 图书馆目标管理

图书馆目标管理就是通过把图书馆的总目标逐级分解，并且让全体馆员参与到图书馆目标设置过程中的一种管理方式。这种管理方法是图书馆民主管理的重要组成部分，它强调让馆员参与到图书馆目标设置的过程之中，共同制定出这些明确的、可量化的、可操作的目标，它强调图书馆的目标是一个体系，而非是一个模糊的走向或者是多个目标的简单罗列。

图书馆人本管理中采用目标管理的原因在于，它强调把图书馆的整体目标转化为各个部门以及馆员个人的具体目标，这样的转化使图书馆的总目标可以通过逐级实现的方式成为现实。同时，他强调图书馆目标制订的过程要由工作实际的操作者共同参与。一方面，使图书馆目标的设置过程不再仅仅是自上而下的分配，同时也是自下而上的提议，这样就使实现图书馆目标的操作性更强；另一方面，这种目标制订的方式形成了一个多层次相互联系的图书馆目标体系，化整为零的做法使图书馆目标的内容更加明确，图书馆目标的实现也更加简单。

对馆员来说，这样生成的图书馆目标包含了由自己制订的明确的个人工作目标，因此每个馆员都可以自主地制订工作计划和控制工作进度以有效地达成工作目标。这就成功地将馆员个人目标与图书馆总目标统一起来，如果所有的馆员都能够切实地实现他们个人的工作目标，那么他们部门的目标自然就能实现，而本馆的总目标也就能成为现实。

2. 馆员参与图书馆管理

馆员参与图书馆管理也是图书馆民主管理的重要组成部分，是指通过图书馆管理者的鼓励来调动馆员参与图书馆日常管理工作的热情，从而发挥馆员的潜能，推动图书馆和馆员共同发展的一种管理模式。调动馆员参与图书馆管理积极性的目的是通过让馆员参与到图书馆日常管理中来,一方面可以提高馆员自身的决策能力,另一方面可以让图书馆的决议顺畅地实施下去。这样能够提高馆员工作的积极性,使他们更满意当前的工作,让他们更加热爱自己的图书馆。从本质上来说,馆员参与图书馆管理是民主思想在图书馆管理工作中的体现,是强调普通馆员权益的图书馆民主管理方式。

馆员参与图书馆管理的方式比较多,但主要采用的是共同决策的方式,这是一种上级管理者将自己的决策权与下级分享的管理方式。这种管理方式在提高馆员工作热情,提高馆员主人翁意识上有明显的作用,但这种管理方式并非在所有的图书馆或图书馆所有的事务上都适用。管理者必须保证参与管理的馆员有充足的时间参与到决策中来,馆员参与决策的问题与他自身的利益相关,参与管理的馆员必须具有相关的能力,同时本馆文化氛围必须支持馆员参与图书馆管理。这种管理方式最常见的形式是合理化建议,即馆员根据日常工作中遇到的问题对图书馆的运作流程或工作方式提出可以改进的地方。图书馆对其建议进行评估,根据评估结果决定是否采纳馆员的合理化建议,并根据该建议实施的效果给予该馆员一定的奖励。

3. 图书馆团队管理

团队是指一组为了实现某一共同目标而相互协作的个人所组成的正式群体。它不同于一般的群体,它强调整体的效率,强调成员之间技能的互补,它是具有积极作用的一种群体。

图书馆团队管理则是图书馆管理者在图书馆中组织各种团队,发挥它们的优势,以便顺利完成图书馆的工作目标,提高图书馆整体效率的管理方式。在图书馆中,团队不是唯一的也不是固定不变的,图书馆要根据当前的工作需要和岗位部门的要求来组建图书馆团队。一般在图书馆中可以组建专题研究型、跨领域研究型和日常管理型三种团队。当需要馆员对某一工作流程、工作方式的改进提出看法时,就应组织专题研究型团队,进行创造性思维,为这一问题提供恰当的解决方案;当有一个复杂项目出现时就应组建跨领域研究型团队,将各个工作领域的同级馆员组织在一起,促使图书馆内不同工作岗位上的馆员进行信息交流和思维上的碰撞,为这一复杂项目提供解决方案;在日常工作的各个岗位上可以组建日常管理型团队,这是一个可以独立运转的团队,成员们不仅对工作中遇到的问题进行探讨,并且亲自实施探讨出来的方案，并承担自己工作的全部责任。

图书馆的管理者在组建团队的时候要注意几个方面，在选择团队成员时要注意，成员的关系必须是和谐融洽的，最起码不能是矛盾的，这样才能使团队中的成员亲密合作；在团队组建中要根据团队类型选择拥有不同技能的馆员，要使团队的成员实现技能互补，以保证团队整体具有完成工作的能力；管理者还要帮助团队设置一套能够确保工作目标完成的控制系统，这些对图书馆总目标的实现具有极大的推动作用。

（三）图书馆人际关系管理

图书馆是一个组织，也是一个群体，一个由很多人共同组成的一个系统。在图书馆内部，馆员之间结成各式各样的人际关系，在图书馆与外部，图书馆与各种社会机构和个人之间也形成了纷繁复杂的社会联系，这些复杂的关系构成了图书馆的人际关系网络。人际关系网络对图书馆的发展而言十分重要，它不仅仅在图书馆内部，还在图书馆组织以及馆员个人所涉及的全部社会关系网中充当着信息交流的桥梁，并为社会信息资源交换、情感交流提供了一个网络基础。图书馆良好的内部人际关系有助于图书馆目标的实现，图书馆良好的外部人际关系有助于为图书馆的发展创造更好、更和谐的环境。人际关系可以进行管理的，其中社会资本管理和冲突管理是重要的两个组成部分。

1. 图书馆社会资本管理

图书馆对外人际关系是指图书馆组织或馆员与图书馆之外的组织机构或个人之间的人际关系。这其中细分包括了四种关系：图书馆组织与其他社会组织机构之间的联系；图书馆组织和本馆以外的个人之间的人际交往；本馆馆员与本馆之外的组织机构之间的联系；本馆馆员与本馆之外的个人之间的人际交往。这四种联系都是在图书馆活动和馆员日常生活中必然产生的联系，并且对图书馆的发展也起着重要的影响。其中，图书馆与社会组织机构及个人的联系与交往就是图书馆的社会资本；而馆员与本馆之外的组织机构以及个人的联系与交往就是该馆员的人力资本。

图书馆社会资本指的是图书馆组织通过社会关系摄取稀缺资源并由此获利的能力。这并不是简单的概念套用，因为图书馆存在于各种各样的社会联系之中，它并不是孤立的个体，在它的运行过程中与社会网络中相关的各个组织都会发生千丝万缕的联系。就中国图书馆事业现状来看，我们可以将这些联系划分为三类，即纵向联系、横向联系和社会交往：纵向联系指的是图书馆与上级领导机关、政府机关以及与分馆之间的联系。在这种联系中，对图书馆的发展影响较大的是向上的联系，这是一种客观存在的社会资本。图书馆的管理者要积极地与上级组织机构建立起和谐融洽的关系，这样才有利于从上级获取稀缺资源，如预算资金、人员编制等。横向联系指的是本馆与其它图书馆之间的联系，这种联系在图书馆界发展由来已久，馆际合作、联合采购以及联合编目都是横向联系的产物。其作用不仅是防止重复劳动，而且是信息交流、解决资金短缺与文献量剧增之间矛盾的重要保证。社会交往是指图书馆和馆员在日常生活中与外部的交往和联系，这虽然不是图书馆社会资本的主要内容，但也是图书馆一笔巨大的财富，这种非正式的社会交往和联系往往是图书馆与外界信息沟通的另一种方式，是与其他社会组织或个人建立信任关系的途径，是获取稀缺资源及争取科研项目的非正式渠道。

2. 图书馆冲突管理

图书馆内部人际关系的好坏与图书馆管理者的冲突管理能力有着直接的关系，如果对馆员之间的冲突采取有效的管理与控制，则有利于和谐融洽的图书馆内部人际关系的形成，反之则会严重阻碍良性人际关系的发展。因此，图书馆内部人际关系管理的一个重要内容就是冲突管理。

在这里，我们所说的冲突是指可以感觉到的，由于某种排斥或对抗情绪而产生的不一致性或差异性。这种不一致或差异是否真实存在并不重要，只要组织成员感受到这种差异的存在，则冲突也就存在。这种冲突并不等同于人们潜意识中的暴力、战争等激烈的对抗行为，它只是一种差异感。冲突并不一定是不好的现象，没有冲突的图书馆虽然会表现出和平、团结、合作的状态，但同时也难以调动馆员的积极性、主动性和创造性来进行创新和变革。在一个图书馆中维持一定程度的冲突有利于保持组织的活力，有利于维持馆员的创造力，有利于促进馆员自我反省，有利于馆员不断追求工作技能的更新。

明确了冲突对于一个组织的重要性之后，还要知道并非所有类型的冲突都有利于组织的发展。那些支持图书馆发展的冲突，是良性的冲突，可将其称为功能正常型冲突；那些阻碍图书馆目标实现的冲突，属于恶性的冲突和功能失调的冲突。由此，图书馆管理者在认清冲突的必要性和重要性之后，还要进一步分清哪些冲突是功能正常的，而哪些又是失调的。这需要管理者对图书馆日常工作中馆员的行为和思想状态进行观察，如果是麻木的、迟钝的、缺乏激情的、缺乏创新意识的状态，那么这个图书馆的冲突水平就过低或没有；如果是混乱的、经常出现争吵矛盾的、不合作的状态，这个图书馆的冲突水平就过高，这两种状态的冲突都属于功能失调型的冲突。如果是处于生命力旺盛、馆员经常进行自我反省、不断创新、不断提升自己技能水平的状态，那么这个图书馆的冲突就处于最佳水平，是功能正常的冲突。

（四）图书馆人力资本投资

人力资本是企业管理中的一个概念，是指特定行为主体通过投入一定费用可以获得的，并能够实现的价值增值，它是依附于某个人身上的价值存量。就图书馆而言，人力资本投资是图书馆人本管理的一个重要组成部分，它是图书馆提高效能的重要方式之一，也是馆员个人发展的主要途径之一。其内容主要包括以下几方面：

首先，是馆员职业技能和身体素质等方面的发展，这是图书馆基础性的人力资本，是完成图书馆日常工作的保证。这一方面的人力资本投资方式比较常见，在传统的图书馆人力资源管理中就有所论述，一般是通过图书馆组织职业培训、提供各种教育机会以及提供各种保险等方式来实现。

其次，是馆员职业道德素质的提高。这主要包括了馆员的忠诚度和奉献度的提高：忠诚度是指馆员自身工作目标的方向是否与图书馆工作目标方向相一致，忠诚度的高低决定了他们通过自身的工作和对图书馆资源的利用可以为图书馆带来多少贡献；奉献度是指馆员是否尽自身最大的力量去实现图书馆的工作目标，而奉献度的高低则决定了他们潜在知识技能的发挥程度，以及这些潜能可以为图书馆作出多少贡献。应对这方面内容，图书馆应积极开展职业道德建设和社会道德教育，通过文化活动、道德教育和制度建设来提高馆员的忠诚度和奉献度。通过各种思想教育来改变馆员的行为模式，通过道德教育提高馆员的道德素养，通过制度的完善来引导馆员的行为向有利于图书馆的利益方向发展，要利用各种各样的活动和手段来提高馆员的忠诚度和奉献度。

最后，是馆员社会关系的拓展。馆员的社会关系包含了馆员正式的社会关系，诸如亲属关系或者由规章制度、法律法规做出明确界定的社会关系以及除正式关系之外的非正式社会关系。无论是在正式的还是非正式的社会关系中，有特定社会关系的人经常形成各种各样的组织，例如学会、工会、车友会、同学会、老乡会等，各种社会关系通过其成员的联系形成遍布整个人类社会的社会关系网。社会关系网产生之初是为了满足馆员个人人际交往的需求，但之后，随着网络的拓展具有了交换信息和资源配置的功能后就成为馆员个人的人力资本。社会关系网提供了一个非正式的获取信息或资源的渠道，而良好的社会关系除了可以为馆员情感交流提供平台之外，无疑也可以提高馆员获取信息的能力，可以为图书馆或馆员提供更多可信赖的工作伙伴，有效避免了合作伙伴不守信行为的出现。因此，图书馆对社会关系网的投资和建设应给予一定的重视，鼓励馆员从事拓展社会关系网络的行为，鼓励他们参加各种社团和组织，与社团或组织内部的成员建立良好的人际关系，从而获得情感或其他方面的支持。

第二节 图书馆人本化信息服务管理的层次

一、图书馆人本化信息服务管理的宏观社会环境

（一）管理理念与时代背景

人类社会的发展是人类文明前进的必然结果，其发展的内在动力是一致的，都是人的发展。从农业文明到工业文明再到信息文明的历史发展过程中，人类思维的能动作用对社会发展所起的作用越来越大。到了信息文明这种以信息资源的开发和利用为主要生产模式的时代，人的潜能开发、综合能力的提高、人的本质的发展成为了时代的要求和主题。人本管理正是这一时代主题投影在管理学中的产物，重视人的价值，依靠人的发展，形成以人的发展推动社会发展，以社会发展创造更好的条件去发展人的良性循环。

信息文明不同于以往的物质文明，它不再以自然资源的开发与利用作为社会进步的基础，而是以信息资源的开发和合理使用作为物质生产的前提。不难看出，信息文明的本质是创新，而创新是依靠人来完成的脑力劳动，是人类思维的变革，它是在人脑中进行的思维结构的重组以及思维联系的新建。这都是通过人们对现有的信息资源进行加工、筛选、升华从而形成的自

己的新思维,这是信息机制作用的结果。客观上它指导人们进行物质实践,对外在环境进行改造,同时也对人的思维结构产生影响,这就是信息文明的本质力量。

信息文明对思维创新的要求直接反映了其对人的能力提出了更高的要求。信息时代的人迫切需要提高自身的综合素质和竞争力,而信息时代的组织需要一支优秀的人才队伍,一支由在专业领域、社会领域、文化领域都十分出色的人才组成的高素质队伍。这就需要在管理理论上将两者结合起来进行完善,人本管理理论在这一微妙的时期得到了迅猛的发展。因为它顺应信息文明时代发展的需求,将人作为管理的核心,以调动人的主动性、积极性和创造性为方式,以各种培训为手段,使人得到全面地发展。然后,以人的全面发展来带动组织的发展,再通过组织的发展来为成员发展创造更有利的条件,将人渴望发展的需求和组织对人才的需求结合起来,成为最适合信息时代的管理方式。

(二)信息文明建设与人本管理的文化环境

21世纪以来,以计算机网络为核心的现代信息技术得到迅猛发展。以信息资源为开发对象,以信息技术为手段的信息产业迅速发展起来,在此基础上形成了一个新兴的经济形态——信息经济。相较于传统的农业经济和工业经济的发展历程,它的发展速度令人惊讶,它的发展潜力无法估量,它为社会带来的财富前所未有。它在仅仅几十年的时间里,就动摇了工业文明几百年来形成的文化氛围和社会基础,它从人们的价值观、思维意识、生活习惯、行为方式等方面潜移默化地改变着这个世界。

信息经济的繁荣与发展,造就了信息文明这样一个全新的文化形态。信息文明是基于全球经济一体化的信息经济而发展起来的文化形态。它是不同区域文化之间的碰撞和冲突的结果,囊括了众多地区文化和种族文化的多元文化,使人类文化得到统一和升华,成为全球一体化经济制度下的文化基础,是一种多元的、统一的、和谐的文化形态。

信息文明建设的过程中,为社会管理提供了这样一个和谐多元的文化环境。由此产生的组织文化必然也是一个和谐多元的文化,它使管理客体在需求、个性、文化背景和思维意识等方面差异显著。它一方面为组织思维碰撞提供了多角度的意识形态,为创新思想的产生提供了文化基础,为形成奋发向上、锐意进取的组织精神提供了动力。另一方面，也为组织管理提出了新的课题，它要求建立一个和谐的文化氛围，既要兼顾到个体的差异，也要注重组织成员不同的需求；既要兼顾到组织的整体利益也要保证个人的权益。这样的情况下，人本管理这种给予个体足够尊重，以个体的发展推动组织发展的管理方式无疑是调动成员工作积极性，维护组织文化统一和谐的极佳方案。

（三）人本管理的社会管理环境

图书馆人本管理是在一个现实的社会环境中推行的管理制度，它必然受社会的政治、法律、制度、经济、文化等诸多因素和外力的影响，我们称之为社会管理环境。21世纪以来，人类社会发展日新月异，政治、经济、文化领域的发展和变化正是我们研究人本管理环境的目的和实施人本管理的原因。

社会的政治、法律、法规的制定和运行都反映出社会管理环境的变化，影响着管理方式的选择。我们可以看到，随着世界政治、经济、文化的发展，人类社会的民主进程不断加速，人的地位得到了普遍的提高。劳动者的地位与权益通过工会、职工代表大会等组织和形式在法律和制度上得到了保证。当今社会，人的作用对于一个组织的发展而言前所未有的重要，与之相对应的，如今的社会管理环境也从未有过的重视人的价值。

二、现代图书馆人本化信息服务管理的微观实践活动

（一）图书馆人本化信息服务管理目标与目标管理

图书馆人本化信息服务管理中的目标管理是建立在充分相信馆员、推行馆员自主管理理念的基础之上，是图书馆民主管理的一种直接体现。目标的制定不再是从上而下的指定和分配，而是在由下至上提出目标的基础上，上级领导进行全局分析控制而得出的过程。在目标制定的过程中由全体馆员参与目标设置是一个主要内容，由图书馆工作的直接从事者来制定个人的工作目标，每个岗位的工作目标要由最了解此工作的馆员来设置才能确保其可操作性。上一级的管理者再根据其他平行部门提出的目标以及自己部门每一个基层岗位工作目标的设置情况，设置此阶段自己的工作目标，这样就形成一个自下而上、层层衔接的目标层次体系。这种上下级共同制定目标的目标管理方式对于馆员而言，自己设置的目标操作起来具有可实现性。对图书而言，馆员个人目标易于实现，那么他们团队的目标同样易于实现，从而图书馆的总目标也就易于实现。

图书馆人本化信息服务管理中的目标管理并不仅仅包括目标的设置，还要注意馆员工作信息的反馈。这种信息反馈是指在朝向目标的进步过程中为馆员不断提供关于其工作效果以及相关部门工作进展的信息，理想的情况是通过给馆员提供持续的反馈信息，使他们能够控制和修正自己的不当行为，努力向目标靠近。与之相伴的是，在检查进度时管理人员给予的阶段性评价，通过评价可以使馆员更加明确自己接下来的工作方向，这不仅适用于图书馆组织高层，也适用于基层。例如，馆长负责总体的图书馆工作和图书馆发展目标，他将监控各部门日常的工作情况，以便确定各个部门的工作的进度。同样，各部门的主任也有自己的目标，具体到部门中的各个馆员也一样。通过工作报告和工作数据的反馈，使这些人了解自己和相关部门的工作进展情况，在正式的评估会议上，上级和下级评定实现目标的进度，并可获得进一步的反馈信息。这是充分相信馆员，鼓励他们实施自主管理的表现，相信他们可以设置恰当的目标，相信他们可以通过工作中的反馈意见，控制和修正自己的行为以完成当初自己制定的目标。

（二）图书馆人本化信息服务管理的组织及组织管理

人本化管理中的图书馆组织不应是缺乏弹性的层级结构，而应该视其为一个由输入、转换和输出三部分组成的开放的系统。整个图书馆组织系统中存在着许多子系统，因而必须要设置一些专门人员来加以协调。

图书馆要根据实际情况和环境变化来设计图书馆组织结构，在现代图书馆组织的设计中，并没有在"将馆员作为管理的核心"的基础上设计图书馆的组织结构，也没有将调动馆员工作的热情作为组织结构设计的重点。图书馆人本管理最核心的一点就是将开发馆员的潜能，推动馆员与图书馆共同发展作为图书馆管理的方式和目标。所以，人本化管理环境下的图书馆组织在结构、形态和体系运转上的本质要求也必然是调动馆员工作的主动性、积极性和创造性，并以此保证图书馆工作目标的实现。在图书馆组织设计和管理的过程中，管理者必须要注重维护图书馆内部人际关系的和谐，增强馆员间的合作与交流，维护各部门之间的协调，使图书馆组织成为一个和谐有序、适应性强、生命力旺盛、高效能的团队。

(三)图书馆人本化信息服务管理的领导

图书馆人本化信息服务管理思想是通过图书馆管理者的具体行为来体现和实施,而管理者本身对领导艺术的掌握程度会影响到人本化管理实施程度的高低,也直接反映出图书馆人本化信息服务管理的实施成果。因此,要对图书馆管理者的语言表达、协调能力和组织行为这三方面的能力进行培训以取得更好的管理效果。

第一,语言表达能力对于一个管理者的工作十分重要。语言作为一种信息传递的工具,不同的表达形式会产生不同的效果。有技巧的表达方式能够激发馆员工作的积极性,振奋人心。在图书馆管理中,一个秉承着人本主义理念的管理者,一定是把调动馆员工作的积极性和主动性作为图书馆管理的首要任务。这时,各种各样的演讲或报告无疑是激励馆员斗志的重要方式。

第二,管理者的协调能力是管理技能的重要组成部分。图书馆组织是人的集合,馆员并不是孤立的个体,从图书馆人本化服务管理理论中也能看出,我们鼓励馆员间的思想交流和信息沟通。而作为一名合格的图书馆管理者,他必须有能力运用各种措施来协调馆员的行为,协调好各部门的关系。首先,要协调好图书馆领导班子成员之间的关系。要让每个部门的管理者都对本馆的总目标、各部门的目标以及当前最紧要的工作十分清楚,让他们的工作方向趋于一致。经常性地创造机会促进管理成员之间的交流,促进他们之间相互了解、凸显各自的优缺点,使他们在日后的工作中合作得更加和谐紧密。即使在图书馆领导团体中存在着正职和副职之分,也不可以出现在会议或交流的过程中固执己见、随便非议他人、任意打小报告、居功避过等现象。其次,要协调好与下属馆员之间的关系。这是在图书馆日常管理工作中每个管理者都会遇到的问题,而协调成果的好坏直接影响着图书馆日常工作的进展情况。在工作中,管理者要尽量明确地提出工作要求,减少模糊信息的发布。不同的部门、不同的管理者会有不同的行事风格和不同的管理方法,但都要与下属馆员进行交流,并给出一个具体准确的工作要求,使其明确工作方向和具体的工作方法。同时,管理者要敢于向下属授权,赋予一个馆员某种责任并使其拥有相匹配的权力,这样他会有被认同、被尊重的感觉,这是调动馆员工作积极性的一个重要手段。再次,是要协调好各部门之间的关系。在图书馆内部,部门之间推诿责任,部门管理者之间相互倾轧的现象并不罕见。从一定的角度上来说这是正常的，因为毕竟分工不同、看待事情的着眼点不同，各部门之间的利益关系不一致。但是，如果情况十分严重必然导致图书馆组织的分裂。因此，作为一个合格的图书馆管理者，必须要维护图书馆的团结，协调好各部门、各部门馆员之间的关系。可以通过经常召开一些谈话会，多创造一些可以让馆员之间交流的机会，促进他们之间的了解，使大家的意见达成一致；也可以通过岗位交叉轮换的方式使不同部门的馆员了解其他部门的工作情况同时也锻炼了其各方面的工作技能；也可以督促各部门之间开展一些文艺活动，增强他们之间的私人情感，逐步形成步调统一的局面。

第三，在组织行为上，一个图书馆管理者的重要作用就是将馆员组织起来，齐心协力地向图书馆工作的总目标努力。强调管理者的组织行为是期待图书馆管理者能够成功地对图书馆人员结构进行搭配，凸显组织整体功能，动员全体馆员齐心协力地工作，保障图书馆目标的实现。

领导要使馆员在人员结构的搭配上达到最佳状态。馆员的搭配是否恰当，人才的使用是否合理不仅直接关系到图书馆人才资源管理的成效，也与图书馆目标是否能够实现密切相关。在调整馆员结构时要注意保证馆员结构的整体性、互补性和稳定性。在对领导班子进行人员结构调整时，还要注重班子专业技能结构、知识结构、个性结构、年龄结构等多方面因素。也就是说，人员的配备既要考虑到每个人能力的差异性，也要考虑到岗位的差异性，形成一个功能完整的整体。例如，一个团体里面最好囊括创造力突出的馆员、技术一流的馆员，表达能力出众的馆员、善于沟通交流的馆员等。馆员不同的性格也会造就不同的工作氛围，例如有的人性格温和，有的急躁，有的喜静，有的好动，有的情感强烈易爆发，有的情感丰富细腻而不外露。各种性格的人存在差异但并没有好与坏之分，只有在何种情境下更为适合之分。每个年龄层次的人在心理和生理上都有其各自的特点，精力和体力会随年龄逐渐衰退，但中年人凭借着丰富的经验使个体的比较与判断力达到人生的巅峰状态。同时，一个团体的馆员构成还要根据其岗位工作的特点以及本馆的实际情况来确定，最好选择将各个年龄层的人员结合起来的人员结构。因此，一个团体的建立最好能将不同知识结构、性格结构、年龄结构的人组织在一起，使其互相补充、扬长避短、功能完备。

（四）图书馆人本化信息服务管理的差错管理

此处的差错并不等同于错误，它主要是由主观因素造成的一种不符合规范或标准的行为。它是在无意识的情况下产生的，这就决定了差错的不可避免性。我们要承认差错在日常工作中是必然存在的，它是消极事件，同时也是积极事件的必然组成部分。虽然差错有可能造成工作失误、工作进程延误等消极事件，但是也能促进馆员积极地学习和探索。如何从差错中吸取经验，避免同样或类似的差错再次产生，积极主动地应对差错，并从中提高馆员应对差错的能力都是差错管理的主要内容。

在图书馆工作中我们要看到差错本身并没有害处，真正不利于图书馆工作目标实现的威胁是因为差错而产生的消极事件。所以，如果说在差错产生之前我们要做的是差错防御，那么在差错产生之后我们要做的则是进行差错管理。差错管理的重点在于如何积极地应对差错，以及如何将其影响向积极方面引导。在很大程度上差错的消极影响，可以通过对差错行为进行处理、检查和预测等来避免。图书馆管理者要引导馆员分析差错产生的原因，讨论已经出现的差错，探讨如何消除图书馆工作中差错行为可能导致的消极影响，以及如何提高馆员应对差错的能力，鼓励馆员在第一时间积极主动地处理消极事件，减轻甚至消除差错可能造成的负面影响。

如何应对差错在馆员的教育体系中是一个重要内容，这对馆员能力的全面提高具有积极的作用。在不断强调馆员培训的图书馆人本化管理理论中，这无疑是一个积极元素。这种积极主动应对差错的态度会塑造一个奋发向上的图书馆氛围，为学习型图书馆组织的建立增添助力。经常性地对馆员进行差错管理培训，可以在提高他个人处理差错事件能力的同时有效防御差错行为的产生，管理者可以故意为其布置非常困难且难以完成的任务或是为他提供一个易于犯错的工作环境来培养他积极应对差错的态度。可以根据不同岗位的特征在工作绩效方面，设置一个合理的差错空间，允许一定程度差错行为的存在，并且不对所有的差错都进行惩罚，这是一种提高馆员个人差错管理能力的有效方式。

第三节 图书馆人本化信息服务管理的影响因素

一、环境因素

（一）建筑环境

图书馆自身的定位决定了图书馆的建筑规模、建筑地点及附带功能，甚至于图书馆的环境布置、装饰等也与其密不可分，而人文因素正是确定图书馆定位的头等标准。公共图书馆的人文因素包括当地的历史、文化、人口规模等因素，而图书馆的标准还受不同层次、不同类型的学生占有图书馆比例的影响。

在建筑地点选择方面，图书馆的位置直接决定了图书馆能否可以给读者带来便利，同时能否发挥图书馆的全部职能。读者能便捷地到达图书馆是图书馆提供服务、发挥职能的基本因素。图书馆的建筑模式也与人文精神密不可分。图书馆作为藏、借、阅一体化的开放式空间，要最大程度满足读者的需求。而"三统一"建筑方式能够方便读者对图书馆的利用，即层高统一、载荷统一、柱网统一。统一层高可以使水平运输畅通，图书流线简明对于使用的一致性和功能的替代性十分有利；统一载荷指的是各层、各处的楼板均能承受书库的重量，可以使图书馆不拘泥于书库和阅览室的界定，有利于藏、借、阅的一体化要求；统一柱网的结构可以随意划分各区域，随着图书馆的不断发展能够灵活的调配、利用各空间。同时，也要求隔断墙、图书馆设备能够拆装、移动，要保留足够的空间以调整、扩大图书馆的通风、采光、电源、网络等功能。

作为学习中心，图书馆的外形设计要体现出图书馆的特征，要使读者能够感觉到其强烈的学习氛围。其次，图书馆还应起到传承历史文化，凸显时代特色的作用，所以突出标志性的建筑效果，利用建筑的体型、空间、颜色、采光等提升艺术感染力，从视觉上吸引读者尤为重要。

美化图书馆周围的环境也十分重要，优雅的自然环境能够在较大程度上使人放松心情、陶冶情操。环境的美化不应只局限于图书馆建筑本身，周围广场、石凳、花草树木等的布置也与图书馆的环境相辅相成。良好的图书馆环境能够为读者创造出舒适的读书氛围,而绿化也是保证图书馆周围良好环境的重要方式。绿化不仅可以净化空气,提高空气质量,还能对空气中的灰尘、粉尘起到良好的过滤和吸收作用,阻挡粉尘在空气中弥漫。同时,绿化能够有效的降低噪声,降低读者的视疲劳,起到维持图书馆静与雅的作用。

(二)内部布局

图书馆的人本思想不仅要在外观上予以体现,还要在内部的结构、设施方面充分做好人性化设计。读者的类型十分广泛,他们处于不同的年龄阶段,拥有不同的经济实力以及政治地位,从事不同类型的岗位。因此,他们也存在对科学知识、政治信息、生活常识、娱乐资讯等的不同需求。因此,图书馆的内部设施要考虑到不同人群的不同习惯。

二、管理制度因素

(一)管理章程

图书馆的管理章程能够起到对图书馆进行宏观管理的作用。图书馆的性质决定了其服务目标是为了更好地完成服务工作,结合自身情况,图书馆要建立能够满足用户需求的组织架构,同时规范馆内工作流程,明确各部门的职责与权力,使得部门之间工作做到协调发展。

(二)管理细则

相应的管理细则的制定可以保证图书馆的信息服务工作有效、有序地发展及运行。管理细则主要包括各岗位工作范围、职责、权利等进行细致的规范,涉及到具体工作的具体实施。因此,在制定时要做到合理、细致、全面,使得馆内的每项工作都能规范治理、有章可循、有法可依。

(三)控制机制

图书馆的控制机制是指对馆员工作质量和效率进行评价、控制的一系列措施,控制机制的建立有利于保证管理章程和细则的顺利、有效执行。

(四)图书馆组织制度与管理体制

图书馆的组织和管理体制是图书馆的基本规章制度,它包括图书馆的工作内容、方针、目标、领导架构、人员素质要求等多个方面。典型的组织制度和管理体制有职工代表会议制、图书馆委员会制以及岗位责任制等。

(五)图书馆行政管理规章与制度

具体内容如下:图书馆人员管理制度,包括人员的任用、培训、考察、提干等很多方面的要求，规定了对员工管理基本原则。图书馆对图书馆馆舍、职工宿舍分配、图书馆设备购置、维修、使用等多项原则与方法进行了规定。图书馆经费的管理与使用制度，包括图书馆的经费的管理方法与使用原则，对经费的筹备、比例、管控、分配、审批等都进行明确的规定。图书馆环境管理制度规定了馆内卫生、美化、行为文明的细则，这些制度可以为用户提供良好的享受信息服务的环境，也让员工在这种工作环境中乐在其中，需要员工与读者共同维护。

（六）图书馆业务管理规章与制度

图书馆业务管理规章制度主要是指对图书的采购原则、交换方式、检验和外来人员登记方法等进行约束。图书资料的分类制度，即对图书馆的分类程序、方式和员工职责的约束。图书资料编目制度，就是对编目工作进行的流程和方式及其编目的质量、工作人员职责的约束。书刊阅览与外借制度，指的是图书馆用户、用户使用范围、馆藏资源的使用、阅览室使用、文献外借及复制、损坏图书赔偿以及工作人员职责等。

三、信息资源因素

（一）信息政策与法规

最早是在20世纪50年代末出现了关于信息政策与法规的研究，逐渐被各个国家开始重视。因为对信息定义的理解多种多样，还有每个国家的信息化发展的程度都不同，所以一直以来，在信息政策的研究领域还没有公认的定义，对其研究的范围和内容的认识还不一致，没有统一的理论框架。

一个稳定有序的信息环境，能够使信息资源被充分地开发和使用，如果仅仅只有先进的基础设施，势必难以发挥其应有的作用。但是要解决图书馆数字化信息资源建设中遇到的困难，离不开相关的政策法规。只有信息市场有良好的环境，才能发挥利用，也才有助于信息资源的建设，从而把各个方面的信息资源集合起来，让信息资源发挥其应有的作用。

信息政策与法规对信息活动有着至关重要的作用，同时也有不同的类型，例如，按信息政策的领域划分，可分为：文化、经济和科技三种；从信息政策使用范围看，有国际、国家和地方三种。信息法律调整的社会关系和调整方法来看，有知识产权法、邮电法、电信法、新闻法等。

第一，信息生产政策与法规。信息资源的生产完全不同于其他物质商品的生产,主要是在服务目的、服务对象、服务介质以及服务组织等方面。信息与其他商品最大的区别就是它的生产成本高,信息的特殊属性决定了它需要投入大量资金,但是信息可以被复制,复制成本比较低。因此,制定信息生产的政策法规,维护生产者利益十分重要。

第二,信息技术政策与法规。信息技术要想发展,离不开信息技术政策的支持。为了应对当下快速发展的信息环境,应该依据现实情况,选择正确的发展方向,同时要对技术的使用、开发和创新有相关的规定。

第三,信息投资政策与法规。信息投资是指信息事业得到来自国家、社会机构或其他组织的人、财、物支持。资金的来源是发展信息事业的重要开端,资金一般来源于政府拨款、企业赞助、社会赞助和用户自费等。所以,在信息投资方面,应该针对信息投入资金的渠道、分配和力度等出台相应的规定。

(二)信息安全管理

信息系统是否安全决定了图书馆信息服务的质量,从而会影响到用户的使用。信息系统的安全性是信息社会的重要构成因素,一般所指的信息安全是信息的机密性、完整性和可用性。信息安全主要包括两个层面,一种是信息系统的安全,一种是信息社会的安全信息安全的两个层面。

机密性是指保证信息在存储及被已经授权的用户使用过程中的安全;完整性是为了保证信息内容和使用信息的方式的准确性和整体性;可用性是为了使已授权的用户能够及时使用自己需要的信息。

第一,信息系统的安全。由于信息系统会被诸多不安全的因素所影响,因此需要对信息系统进行安全监测和管理。信息系统要想安全有效地运行,就必须保证信息在使用存储及使用过程中的安全。例如,保证信息系统的用户合法使用系统,所有用户对自己使用信息的行为负责,信息系统能够拒绝未经申请的存在安全隐患的接入或操作等。

第二,信息社会的安全。信息内容是影响信息社会安全的主要因素,如果信息内容存在安全隐患,那么就会对信息社会构成威胁。因为信息内容广泛,涉及的范围广,所以信息社会的安全会影响到社会的很多不同领域的管理规则、法律法规等,而且伴随着社会信息化进程的加快,信息内容的安全性会更加重要,影响范围更广泛。

(三) 信息技术水平

在新技术的引领下，我们进入了一个物质和信息空前繁荣的时期，改变了我们旧的生活领域、工作领域、思维方式等，与此同时，新技术也把信息存在的安全隐患带给了我们。图书馆也受到了信息技术的影响，每次信息技术的改进和创新都影响了图书馆的发展，同时也影响了图书馆的文献形式和服务模式。

在信息技术的影响下，图书馆也面临许多技术的发展带来的问题。信息技术对图书馆的影响有利好的一面，也有不利的一面。随着信息技术的发展，图书馆的业务得到了拓展和提升，同时也进入了数字化时代。随着信息技术的发展，图书店虽然在技术设备和服务方式上不断更新，但是工作效率和社会效益并不理想，尤其是一些机器取代人工的工作中表现特别突出。

信息技术和人本思想的协调问题始终困扰着图书馆界，图书馆服务人本化是图书馆工作的最终追求目标，人本化注重的是多元稳妥，而信息技术注重的是高速高效。然而，服务人本化与技术的发展一直处于不协调的状态，在图书馆的发展历史中，不难发现，科学技术与人文精神的发展并不是相互促进的关系。当两者发展不协调时，图书馆的发展就会停滞不前。在科学技术快速发展初期，人文精神常常被忽略。从本质来看，技术与人文应该是相辅相成、相互渗透的辩证统一体。

信息技术是影响图书馆信息服务人本化的一个重要因素，图书馆信息技术离不开人文精神的引导，否则就将向相反的方面发展。同时，信息技术是图书馆做好各项工作的必备手段，通过技术，图书馆的人本思想才能得到有效发挥。所以，图书馆的发展离不开人文精神和技术的结合。

四、员工素质因素

（一）员工道德素质

无论图书馆发展到什么阶段，高尚的思想品德始终都是图书馆员工素质的基本要求。高尚的思想品德能够保证图书馆员工从内心深处愿意为用户服务，能够积极、乐观地投入工作。员工的道德素质是用户对图书馆的印象的直接因素，拥有良好道德素质的员工能够为用户提供优质的服务，努力为用户提供及时、准确的信息，使用户有良好的服务体验。因此，图书馆在进行队伍建设的过程中也要着力培养和提高图书馆员的职业道德素质，而作为馆员本身，则要不断提升自身素质，具备适应图书馆发展的职业道德素质、业务素质以及文化素质。

图书馆员工是文化知识传播的重要组成部分，对文献信息的产生、利用起到极大的作用，这就要求图书馆员工爱岗敬业、崇尚科学、乐于奉献，全身心的为用户服务。而随着时代的进步，图书馆员工更要敢于抛弃落后的思想及工作方式，通过改善自己来满足用户对图书馆信息服务的需求。

（二）员工专业素质

除了道德素质，图书馆员工还应具备多方面的专业能力。随着信息化社会的高速发展，图书馆对读者的服务也不仅仅局限于借书和还书。图书馆的服务内容和方式发生了非常大的变化，图书馆员工也要具备一定的计算机水平，以应对复杂的网络环境。而图书馆的管理层也要打破对图书馆的传统认识，不断培养复合型人才，提升他们的专业知识水平。为了满足用户的需求，更好地胜任自己的职务，图书馆员要有扎实的专业基础知识，广博的学科知识，并能够熟练地操作信息化设备。

五、用户因素

（一）用户认知差异

用户的认知差异直接影响着图书馆对其服务的质量。用户的信息素养是指用户对信息和信息活动的认识深度及其掌握程度，也就是关于信息活动的知识经验。每个用户的认知特点都不相同，用户的认知特点主要有自主性、发展性和依赖性。

第一，用户不能只是被看作信息的使用者，因为，他们会不由自主地在不同时间、不同地点以各种方式与别人进行交叉式的信息交流。此外，用户只是对符合自身需要的信息产生认知，而不是所有的信息，是有选择性地认知。在图书馆众多信息资源中，被用户使用的信息才能成为有价值的信息。

第二，由于用户的心理特点导致了其对网络信息服务的依赖性。图书馆提供的信息种类比较多，用户可以不被时间和空间限制，实时获取自己所需的信息。在信息超负荷的时代，用户的认知负荷加重，认知效果也会受到影响。因此，用户会对图书馆的信息服务有依赖性，渴望通过图书馆获得最新的信息。

第三，影响用户认知差异的是认知的发展性。现代认知心理学研究证实，认知活动与一个人的认知结构、文化程度以及所处的社会文化环境密切相关。网络信息化的发展不仅拓展了用户的视野，还对其提出了挑战。激烈的竞争会打破原有的信息认知结构，组成新的认知结构，提高认知水平。

（二）用户信息需求反馈

信息需求是人们在社会群体生活中为满足各种需要，解决各种问题时而产生的对信息的必要感和不满足感，是信息消费者消费信息产品与服务的欲望与能力。

用户信息需求产生的过程主要分为两个方面，首先是用户潜在的意图，是指信息需求要满足人在生理上、安全上、社交上、尊重上以及自我实现方面的需要。另一方面，用户的需求除受到用户潜在的意图和需要的影响外，还会受到一些外部因素的刺激。这些外部刺激之所以会影响到用户的需求，主要是因为用户的内心会受到影响。当用户遇到有益于自己的信息时，就会被其吸引或引导。通过用户潜在的意图和外部因素的刺激，用户会感到已有的信息和外部信息的差距，也就是信息不对称，进而导致用户的认知障碍，这样用户的信息需求就会产生。正是由于内因和外引的不同，用户对信息需求的反馈也就不同，有的甚至存在欠缺。

用户的需求主要有两种：一种是显性需求，用户可以表达出来的需求；一种是潜在需求，即存在于用户的潜意识中，用户没有认识到的需求。目前，图书馆在挖掘用户潜在需求上还有所欠缺，由此导致用户需求反馈不够。图书馆虽然没有得到用户潜在需求的反馈，但是用户却对潜在的知识和信息存在潜在的需求。

（三）用户知识层次差异

图书馆中的文献是经过加工、组织和保存来满足用户的要求，但是由于用户教育背景、成长环境等因素的不同，所以知识层次也就不同，这就会使用户图书馆面临诸多困难。用户的知识结构制约着对文献的阅读取向，知识结构主导着用户的需求。了解图书馆用户所面对的知识结构，根据用户的知识结构组织馆藏内容，是图书馆要做好的工作。用户已有的知识结构制约着用户的需要层次，图书馆所面对的用户层次越多，图书馆馆藏信息就越丰富，服务就越多样化，这样才有利于不同知识结构的用户接收信息。所以，图书馆的工作定位、发展定位必须考虑所面对用户知识结构的差异。

参考文献

[1] 王世伟. 智慧图书馆引论 [M]. 上海：上海大学出版社，2022.07.

[2] 阚丽红. 智慧图书馆建设与服务创新研究 [M]. 长春：吉林文史出版社，2022.08.

[3] 贾虹. 智慧图书馆及其服务创新研究 [M]. 北京：中国农业出版社，2022.04.

[4] 陈群. 互联网＋图书馆智慧服务研究 [M]. 长春：吉林出版集团股份有限公司，2022.06.

[5] 李杏丽. 智慧社会建设背景下大数据与图书馆管理研究 [M]. 长春：吉林摄影出版社，2022.01.

[6] 褚倩倩. 现代图书馆文献信息资源建设与利用研究 [M]. 昆明：云南科技出版社，2022.03.

[7] 韩春磊. 公共图书馆馆藏文献资源数字化建设 [M]. 长春：吉林摄影出版社，2022.01.

[8] 严栋. 智慧图书馆概论 [M]. 大连：辽宁师范大学出版社，2021.12.

[9] 林立. 智慧图书馆的理论与实践 [M]. 福州：福建科学技术出版社，2021.06.

[10] 谢福明. 智慧图书馆建设与应用研究 [M]. 吉林出版集团股份有限公司，2021.12.

[11] 王志红，侯习哲，张静. 智慧图书馆建设与阅读推广研究 [M]. 哈尔滨：哈尔滨出版社，2021.05.

[12] 陶功美. 智慧图书馆建设及新兴技术的应用研究 [M]. 长春：吉林人民出版社，2021.11.

[13] 王东亮. 智慧图书馆与阅读推广工作研究 [M]. 北京：中国国际广播

出版社，2021.09.

[14] 高桂雅. 大数据时代智慧图书馆科学化服务体系构建 [M]. 长春：吉林出版集团股份有限公司，2021.11.

[15] 陈伟，张霞，王仲皓. 图书馆智慧化服务模式探究 [M]. 长春：吉林人民出版社，2021.09.

[16] 张海波. 智慧图书馆技术及应用 [M]. 石家庄：河北科学技术出版社，2020.05.

[17] 周娜，戴萍. 高校智慧图书馆知识服务研究 [M]. 北京：中国国际广播出版社，2020.04.

[18] 傅春平. 公共图书馆智慧服务的探索与实践 [M]. 世界图书出版广东有限公司，2020.10.

[19] 郑辉，赵晓丹. 现代公共图书馆智慧服务平台建构研究 [M]. 长春：吉林人民出版社，2020.12.

[20] 刘月学，吴凡，高音. 图书馆服务与服务体系研究 [M]. 咸阳：西北农林科技大学出版社，2018.08.

[21] 龙渠. 现代图书馆服务与管理工作研究 [M]. 中国原子能出版社，2019.10.

[22] 王丽芹. 公共文化服务体系下图书馆服务与管理 [M]. 沈阳：沈阳出版社，2020.09.

[23] 施强. 大数据、知识服务与当代图书馆学 [M]. 杭州：浙江大学出版社，2020.07.

[24] 杨秀臻. 图书馆知识管理与服务研究 [M]. 天津：天津科学技术出版社，2018.07.

[25] 王敏，吕巧枝. 图书馆服务创新与育人 [M]. 北京：中国农业出版社，2019.09.

[26] 李蕾，史蕾. 公共图书馆服务与创新管理 [M]. 延吉：延边大学出版社，2022.03.

[27] 崔芳. 基于网络信息的图书馆服务与大数据思维转型 [M]. 北京：北京工业大学出版社，2021.12.

[28] 宫昌利. 图书馆服务思维研究 [M]. 长春：吉林人民出版社，

2019.10.

[29] 郭蕾.公共图书馆服务与阅读推广研究[M].长春：吉林人民出版社，2022.07.

[30] 王蕴慧，张秀菊.公共图书馆的服务体系建设与创新[M].北京：中国纺织出版社，2021.12.